仕事も人生も、
これでうまく回る！

ラク生き！
今日から

不器用
解決
事典

中島 美鈴

朝日新聞出版

プロローグ

▶「マジメにがんばっても、うまくいかない」
　▶「不器用にもほどがある！よね……」

と落ち込んだり、
もやもやしているあなたへ

「しくみ」で私が変わった

　私は福岡県福岡市在住の臨床心理士・公認心理師で、日々、ADHD（注意欠如・多動症）の大人の方々にオンラインカウンセリングを提供しています。**実は、私自身も、大学生になって初めてひとり暮らしを始めたときに部屋の片付けで困っていたADHD傾向のある一人です。**振り返ってみると、それ以前から多くの困りごとがありました。

　たとえば、

- 高校生のとき、受験票に貼り付ける写真の撮影を**ずっと先延ばしにして**、提出前夜に親に泣きつき、既にシャッターの閉まっている町の写真館に頼み込んで撮影してもらった。
- 大学入学手続きの書類が入った封筒も**開封しないまま放置し**、手続きが間に合わなかった。
- 大学生になった後も、ゼミの**時間を忘れてすっぽかし**、各種提出書類もたいてい間に合わず、学生課の職員に目をつけら

001

れていた。

　私はその度に「自分はだらしない」「情けない」「恥ずかしい」とがっかりし、「気合いを入れなければ」と思いながらも、何も改善しないままでした。

　しかし、そんな私が大学生の時に一冊の本に出会いました。それは、『片づけられない女たち』(サリ・ソルデン著、ニキ・リンコ訳、WAVE出版) というアメリカの本の翻訳書です。この本はADHDの大人の女性たちについて書かれていて、「まさに私のことだ」と思いました。これまで自分ががんばっていないからだと思っていた困りごとへの捉え方ががらりと変化したのです。

　そして、**「気合いだけじゃなくて、スケジュールを覚えている、忘れ物をしない、計画を進める、整理整頓などをするためには、"しくみ"が必要なんだ」**と確信しました。それから、ずぼらなりのスケジュール帳の活用、持参物を用意するための意思決定、計画立て、物理的なしくみを作り、私の人生はなんとか回り始めました。

　私のような人間でも、なんとか締め切りが守るためのしくみのおかげで、これまで50冊の本を世に送り出すことができました。

　仕事だけでなく、毎年描く「1年間の夢」もほぼ叶えてきました。体重を減らしてバレエを始め、白いビキニを着て南の海でスキンダイビング。着物を着たり、おうちでパーティをしたり。本当に人生が変わりました。

　こうした経験から、同じように困っている人に、**まずは自分**

を責める悪循環から脱してもらい、不器用をラクに補うしくみを身につけて、人生で本当に使いたいことのために時間を使えるようにしてほしいと思っています。そして、最終的には夢を叶えて、自分らしい人生を歩んでもらいたいと思っています。

自分を責めずに理解する「認知行動療法」

認知行動療法（CBT）とは、困りごとが生じた際に、その原因を究明し、解決策を考えるだけでなく、その人の考え方や行動を見直すことで問題解決を図る療法です。

たとえば、部屋が散らかっている場合、多くの人は「最近忙しくて掃除の時間が取れなかった」という原因を見つけ、「掃除すれば部屋が片付く」と考えます。しかし、「どうしてこんなに自分はだらしないんだろう」と過度に自分を責めてしまう人は、落ち込んで何もする気が起きず、ベッドから出られなくなることがあります。このような状況では、掃除する気力も失われ、さらに部屋が散らかってしまう悪循環に陥ります。

CBTでは、まずこの悪循環を明らかにし、「こうなっているから今つらいんだ」と自己理解を深めます。その上で、「部屋が散らかるのは、自分がだらしないからではなく、使ったものを元に戻しにくい配置だからだ」と考え方を柔軟にします。

そして、独力で掃除するのではなく、ロボット掃除機を活用したり、物の量を減らしたり、お掃除サービスを利用するなど、行動自体を変化させることもあります。このようにして、気分の改善を図り、問題解決に向けた行動を取りやすくするのです。

003

私が効果を実感したからこそ伝えたい方法

　この本で紹介する "しくみ" は、このCBTに基づいています。もともとうつ病の方を対象に開発され、ADHDの方に用いるようになったのは2000年前後からです。同じCBTでありながらADHDのそれは全く異なるアプローチを取ります。

　ADHDのCBTでは、介入のターゲットはADHDの特性から生じる日常生活の困りごとへの対処能力です。困りごとがADHDのどのような特性から生じているのかを神経心理学的視点から理解し、その対処法を習得することが重要です。

　たとえば、「ゴミ収集日を忘れずにゴミを出す」ということに対して、ADHDの人はなかなかやる気を出せません。他の人が難なくできることでも、非常に腰が重くなります。これは脳の報酬系と関連しています。ADHDの人の報酬系は、高額な金銭的報酬や新奇性（目新しさ）に対して活性化しやすいですが、日常のルーチン（ゴミ出し、仕事、風呂、家事、子育てなど）に対してはなかなかやる気が出ません。

　そのため、たとえばゴミ出しであれば、「ゴミを出す前にマグカップに牛乳を入れてレンジで温め、その間にゴミを出し、帰ってきたらそこにはちみつを垂らしておいしいはちみつミルクを飲む」といったご褒美の設定し。このように、ADHDのCBTは非常に具体的で実践的なコツが必要なのです。

ADHDに似た「お困りごと」がある人にも効く

　ここまでお読みになって、「ああ、私にもめんどうな家事が

ある」と心当たりのある人もいるでしょう。

そうでなくても、

- 学生時代に試験勉強の計画を立てながらも、うまくいかなかった
- 毎年年末が忙しくなるとわかっているのに、仕事や大掃除や帰省の手配を先延ばしにしている
- 忙しいと言いながらも、スマホでついついSNSをダラダラ見てしまう
- 確定申告などの書類作業が非常に苦手で先延ばしにしている

といった人はいないでしょうか。

ADHDでなくても誰にでも見られるこうした困りごとの解決に、ADHDのCBTの技法は非常に役立ちます。実際、私自身も日常生活での困りごとに対処するためにこの技法を使い始め、その効果を実感しました。**特に、ADHDの人が直面する課題に対するCBTの具体的な対策が、誰にでも応用可能であることに気付きました。**

たとえば、ゴミ出しや書類作業、勉強計画の立て方など、さまざまな場面での先延ばしや動機付けの問題に対して、この技法を使うことで、**誰もが日常生活をよりラクに過ごせるようになり、生活の質を向上させられると考えています。**

一見似た「お困りごと」も、本人にとっては別のこと

世の中には、片付けやスケジュール管理に関する本もADHDの人向けの本も山のように存在します。**多くの本が困りごとに**

ついて抽象度の高い状態で描かれています。たとえば、「整理整頓」の原則は、「全部出して」「いるものといらないものに仕分け」「元の場所に収める」といった工程が多いでしょう。しかし、いざこれを実践しようとすると、さまざまな困難に遭遇します。

　たとえば、下の図をご覧ください。クローゼットの中と食器棚の中の断捨離は異なります。同じように、パソコンの中とバッグの中のごちゃつきも異なります。さらに、よくよく聞いてみると、「もしも忘れ物をしたら怖い」といった不安の問題や、「私なんかにこんな素敵な服はふさわしくない」といった自尊

クローゼット の断捨離	食器棚 の断捨離
サイズや流行、他の服との組み合わせ、さらには人にどう見せたいかといった心理面も影響	家族構成、人を家に招く頻度や来訪する人数といったライフスタイル、食や食器の好みも影響

パソコンの中 のごちゃつき	バッグの中 のごちゃつき
古いデータ、一時的にダウンロードしたデータ、圧縮を解凍により文字化けしたファイルなどカオスになる	仕事用と遊び用（インドアかアウトドアかでも）では異なるし、季節や天候に応じて増えるものもある

心の問題、「まとめて断捨離する時間がない」といった面倒くささなど、他の問題も混在しています。

　CBTでは、このような具体性を重んじます。そのため、本書では一見似たようなお困りごとであっても、どこに困っているのか、悩んでいるのか、原因は何かといった観点で細分化し、具体的にお伝えしています。一見似ているようでも、それぞれの問題に独自の解決方法があり、それを適切に見つけ出すことが大切です。具体的な困りごとに対して、具体的な対策を講じることで、より効果的に問題を解決できるのです。

ぜひ、もっとラクになりましょう

　本書では、13のよくあるお困りごとのカテゴリーとそれぞれにさらに細分化した49の具体的なお困りごとパターンを配置しました。49人の架空の人物が登場し具体的な状況を語ります。まずはそのお困りの状況について「CBTの視点からはどのように理解できるのか」を述べ、その理解に基づいて「対処策」を紹介しています。また、同じ理解や対処を使えそうな他の場面も「応用TIPs」として紹介しました。

　本書は前から順に読み進める必要はありません。まるで事典のように、今自分が困っていることが書かれたページから読んでわかるようにしています。以上の理由から応用TIPsとメインのお困りごとで重複しているものもあります。

　みなさまのお困りごとが、これまでとはまた違った視点から理解され、解決のきっかけになればうれしいです。

中島美鈴

目　次

プロローグ 001

「マジメにがんばっても、うまくいかない」「不器用にもほどが
ある！よね……」と落ち込んだり、もやもやしているあなたへ

1　生活リズムがいつも乱れぎみ　　015

なぜ、ゲームをしたり漫画を読んでいると、
夜ふかししてしまうの？ 017

なぜ、毎朝起きられないの？ 021

なぜ、充実した休日にしたいのに、
ごろごろ寝てばかりになってしまうの？ 025

なぜ、いつもお酒を飲みすぎてしまうの？ 029

2　滑り出しはいいのに、
　　なぜか遅刻ギリギリ　　033

なぜ、待ち合わせの時間に間に合わせられないの？ 035

▸ なぜ毎朝、出掛けにいろいろやりたくなるのかな。
出社がギリギリで朝から疲れる……。 039

3・段取りや準備で頭がパンクする 043

▸ なぜ、外勤に行こうとする直前に、
あたふたしてしまうの？ 046
▸ なぜ、私は人を家に招くのが
億劫すぎるのでしょう？ 050
▸ なぜ、ついでに済ませられる用事を忘れてしまうの？
効率が悪くて仕方ないです！ 054
▸ なぜ、楽しいはずの旅行の準備が
憂鬱になってしまうの？ 057
▸ なぜ、こんなに家事の負担を感じるの？
毎日疲れが取れません。 061
▸ なぜ、長文の文書を作るのに
ものすごく時間がかかるんだろう。 065

4・コミュニケーションがなんだかうまくいかない 069

▸ なぜ、良かれと思って言ったのに
迷惑そうにされるの？ 071

▶ なぜ、相手の"不快ポイント"が
わからないんだろう？ ……………………… 075
▶ なぜ、いつも気づくと自分の話ばかり
してしまっているのかな。 …………………… 079
▶ なぜ、僕には親友がいないんだろう……。 ……… 083

5 ・「整理整頓」は永遠のテーマ　　088

▶ なぜ、いつも必要なときに大事な書類が
見つからなくなるんだろう？ ………………… 090
▶ なぜ、パソコンの中がすぐに
ぐちゃぐちゃになっちゃうの？ ……………… 095
▶ なぜ、かばんがいつも
重くなってしまうんだろう？ ………………… 100

6 ・情報や文章や音声が
頭に入ってこない　　104

▶ なぜ、こんなに議事録が苦手なの？
聞いたことを書くだけなのに……。 ………… 106
▶ なぜ、毎日メールを読んだり返信したり
しなければいけないの？
ハッキリ言って苦痛！ ………………………… 110

▶ なぜ、文章の内容が全然頭に入ってこないんだろう？
ただ文字を追っているだけ……。 115

7. 人の立場も仕事も 優先順位がわからない

120

▶ なぜ、新規プロジェクトが始まると、
いつもフリーズしてしまうんだろう？ 122
▶ なぜ、「行き当たりばったりで困る！」と
不満が出るんだろう？
臨機応変に判断しているのに……。 127
▶ なぜ、良かれと思って自分の仕事以外も
しているのに、報われないの？ 131
▶ なぜ複数の人から同時に連絡や依頼があると
優先順位がわからなくなるの？ 136

8. 融通がきかない、 手の抜き方がわからない

141

▶ なぜ、「急ぎの仕事」と言われても、
どう巻けばいいのかがわからないんだろう？ 143
▶ なぜ、マジメにやっているのに
仕事が遅くなるんだろう？ 147

9 ・ ひとつのことに集中していられない 151

▸ なぜ、一つの仕事をしている最中に、
他の仕事のことが気になるの？
どの仕事にも集中できない……。 ………… 153

▸ なぜ、目の前の仕事に
うんざりしちゃうんだろう。
今しなくていいことを始めてしまいます。 ………… 158

▸ なぜ、一部にこだわりすぎてしまうんだろう。
いつも時間配分が悪くて終わらなくなります。 ………… 162

10 ・ メモ・文章・メールなどアウトプットが苦手 166

▸ なぜ、いつも説明が長すぎると
言われるんだろう？ ………… 168

▸ なぜ、いくら急かしても、
締め切りを守らない人がいるの？ ………… 172

▸ なぜ、文章を作るのがこんなに苦手なんだろう。
めちゃくちゃ疲れる！ ………… 176

▸ なぜ、企画を考えて企画書にするのが
こんなにつらいの？ ………… 181

11 · 計画を立てても 実行するのが苦手

185

▶なぜ、計画を立てても、その通りにいかないの？

いつも時間が押してしまいます。 ……………………… 187

▶なぜ、興味の赴くままに脱線してしまうんだろう。

「無計画」と呆れられます。 ………………………………… 191

▶なぜ、毎日職場に1、2分だけ遅刻するのかな？

布団から出られないんだよね。 …………………………… 195

▶なぜ、子どものことと仕事のバランスが、

うまくとれないんだろう。 ………………………………… 200

12 · 思考や気持ちの切り替えが なかなかできない

204

▶なぜ、帰宅後も週末も

仕事メールに追われなきゃならないの？ ………………… 206

▶なぜ、家でも仕事の話ばかりしてしまうのかな。

気づくと家族が辟易しています。 ………………………… 211

▶なぜ、僕は、いつまでも

くよくよ考えてしまうのかな。 …………………………… 215

13 · 先延ばしにする
219

- なぜ、苦手な作業をどんどん
  先延ばししてしまうんだろう？ ················ 222
- なぜ、期限が迫っているのに余裕のフリをして
  しまうのかな。焦るべきなのに……。 ··········· 226
- なぜ、私には「まとまった時間」がないの？
  そのせいで本も読めません。 ················ 230
- なぜ、コンビニでの振り込みや手続き書類の郵送が
  すぐできないんだろう？ ··················· 234
- なぜ、お金の管理ができないのかな？
  将来が不安です。 ····················· 238
- なぜ、TOEICの勉強が進まないんだろう？
  やろうとすると寝ちゃう。 ················· 242
- なぜ、病院に行く時間がとれないんだろう？
  頭痛が最近悪化しているのに。 ··············· 246

エピローグ ······························· 251

　誰がやってもラク！
　不器用はなおさなくていい、工夫すればいいだけ。

ブックデザイン • 古屋郁美 ／ イラスト • ryuku ／ 校正・校閲 • くすのき舎

1

生活リズムが いつも 乱れぎみ

こんな「お悩み」で、今日もぼやいていませんか?

ゲームや漫画が止まらず 毎日夜ふかし

▶ p.017

　夜になってからゲームを始めたり、布団に入ってから漫画を読み始めたり、動画を見始めたり……。今日もまた気づいたら明け方!　昼間は眠くて仕方がない。

どれだけ寝ても 朝起きられない

▶ p.021

　睡眠時間は十分に取っているし、眠くてたまらないわけでもない。なのに、朝になると布団から出られなくなってしまう。

休日は出かけず誰にも会わず 寝てばかり

▶ p.025

　仕事が休みの休日は、もっと行動的になって充実させたいのに、「やるべきこと」を考えるとうんざりして、何もせずにごろごろ。

身体に悪いぐらい お酒を飲みすぎる

▶ p.029

　健康診断でも指摘されるぐらいなのに、お酒がやめられない。「今日こそは、1本で止める!」と宣言しておいて、飲み始めたらなし崩し。

なぜ、ゲームをしたり漫画を
読んでいると、
夜ふかししてしまうの？

> **マミさん（30代・私立高校事務）のぼやき**
>
> 漫画を朝方まで読み続けてしまって、寝不足になりつらい思いをしています。一旦漫画に夢中になると、**続きが気になってやめられなくなり、時間を忘れてしまう**のです。
>
> さっさと寝たほうがいいのはわかっていますが、ついつい止まらなくなってしまいます。

なんで、こうなるの？

漫画だけでなくゲームや連続ドラマなどは、途中でやめられなくなるような工夫が満載の魅力的なコンテンツです。そんな強敵に抵抗して戦うのは難しいのです。早めに負けを認めてしまいましょう。

周りから「気合いでやめることができるでしょ！」と言われるかもしれませんが、それは過信や勘違いです。その代わり、私たちは「読み始める時間」ならコントロールできるのです。

マミさんは布団の中で漫画を読むのをスタートさせています。**夜の時間は不思議なもので、翌朝まで無限に自由な時間がある**

ような錯覚を抱かせます。この時間の経過に関する体感は小脳が司っているのですが、夜の疲労困憊した脳が正確に時を刻めなくなるのもわかる気がしませんか。本来夜は「寝る時間」なのですが、日中に比べて何かすべき作業があったり、すぐに約束の時間が迫っているわけでもない、空白の時間ともいえるのです。

　また、漫画という誘惑に対して本来なら脳がブレーキをかけてくれるのですが、夜の疲れた脳はうまく働いてくれません。だからこそ、「**絶対に漫画より優先せざるを得ない予定がない**」ともいえ、やめにくいのです。

▼

ラク生き！解決策

読み始める時間なら
コントロールできる！

　まず、**1日のうちで、どうしても遅れられない用事を見つけましょう。**乗り遅れるとまずい電車やバス、15時には閉まってしまう銀行窓口、遅刻を繰り返してレッドカードが出ている出社時刻、大事な人との待ち合わせ、定刻にお迎えに行かないと延長になってしまう保育園などがそうです。

　こうした時間帯から逆算して〇分前（漫画やゲームをしてもいいなと思う時間でたとえば30分間など）の時間から漫画やゲームなどを始める習慣をスタートさせるのです。

もちろん遅れてはいけない用事にとりかかる時間に気づくことができるように、**スマホのアプリなどを使って終わり時間のアラームもしかけておきます。**

マミさんは、朝の出勤時にバスの中でのみ漫画を読むようにしました。こうすれば、行きと帰りの合計40分間読むことができますし、降りる予定のバスの到着時刻にアラームをかけておけば、間違いなく目的のバス停で降りるときに読むのをやめることができます。

確かに夜に布団の中で読む心地よさにはかないませんが、漫画を次々に読んで止まらなくなるということにはならずに済みました。それに、それまで憂鬱だった通勤時間が楽しみになりました。

昼間のうちに漫画「という楽しみを味わえることで、マミさんは寝床にスマホを持っていくことはなくなり、夜更かしすることが減り、翌日もすっきり起きられるようになりました。

こんなお悩みにも使えるよ！　解決策の応用TIPs

映画やドラマを
夜遅くまで
見てしまう人

▶通勤中や職場の昼休みなど日中のうちにスマホで視聴すると、終わりの時間が決まっているので止めやすい。

SNSを
夜遅くまで
見てしまう人

▶SNSは食器洗いや洗濯物たたみの時間だけ、入浴中の湯船の中だけ、とスタートの時間や場所を決めよう。

夜遅くまで
ゲームをしてしまう
子どものことで悩んでいる人

▶子どもと「ゲームがしたいときには、早起きして朝ごはんの時間の前までならしていい」という約束をしてみる。朝ごはん、学校へ行く準備のようなダラダラしにくいやるべきことの前ならゲームもやめやすい（ただし、朝、学校へ行く準備でごねてしまう子どもの場合は、この方法はやめたほうがよい）。

なぜ、毎朝
起きられないの？

アオイさん（20代・アパレル店スタッフ）のぼやき

　どれだけ寝ても朝起きるのがつらいと感じています。21時に寝て、睡眠を10時間とったとしても、朝7時に起きるのがつらいのです。

　とはいえ、**目覚まし時計が鳴ったら、そこからは半分起きているようなもので眠気が強いわけではないのに、とてつもなく起きるのが嫌**なのです。

　一旦起きてしまえば、日中の眠気もないのですが、どうしても朝すっきり起きられません。

なんで、こうなるの？

　アオイさんのように、寝起きが悪い人は一定の割合でいます。低血圧のように体質由来の人もいますが、アオイさんの場合は、「起きても面倒なことだらけで、起きるのが嫌」なのだそうです。平日は「今から仕事か。嫌だな」、休みの日でも、「ああ、起きて洗濯しないといけない。面倒だな」というように、**起きた後に何も楽しみがないと感じている**のです。つまり面倒なことから「寝逃げ」しているのかもしれません。

　うつやADHDなどの影響で活動するエネルギーが落ちてい

る場合にも朝起きるのが億劫になります。「どうせ起きてもつらい1日が始まるだけだ」とか「ああ、今日も仕事なんてうまくこなせるわけがない」などと考えると落ち込んでしまい、起きる意欲がますます減ったり、全力で現実逃避しようとしてしまうのです。

ラク生き！解決策

タイマーの力を借りて、アロマオイルや好きなラジオで目覚めよう！

起床時に強い太陽光を浴びることで体を目覚めさせる、物理的なしくみを用意するのはどうでしょう。私たちは、地球の自転と少しずれている体内時計を、太陽の光（自然光）を浴びることで日々調整していますから、太陽の光と睡眠リズムは深い関係があるのです。

具体的な方法として、最も簡単なのはカーテンを開けたまま寝ることです。こうして、起床時間に自然光を取り入れるようにします。設定した時間になると音だけでなく光りながら起こしてくれる光目覚まし時計を使用することも効果的です。

また、家電のタイマー機能を使えば、起床時間に合わせてエアコンで適温を作ったり、ラジオやテレビが自動で点いたり、炊飯器で米が炊けたりします。最近ではスマート家電を使えば、

カーテンの開閉からコーヒーの抽出まで自動でできます。炊き立てのご飯や淹れたてのコーヒーがお目覚めのご褒美になれば、起きるモチベーションも上がりますね。

　アオイさんは、こうした工夫に加えて、BluetoothやWi-Fiを介してスマホなどと接続し、プラグに繋いだ家電を遠隔操作できるスマートプラグを使ってアロマディフューザーを起きる時間にセットして、アロマオイルは目覚めをよくするというローズマリーにしました。ちょっと刺激的で清涼感のあるローズマリーの香りが部屋いっぱいに広がり、素敵な気持ちで目覚めることができました。スマートプラグは安いものであれば2000円以下から購入できます。

> こんなお悩みにも使えるよ！　解決策の応用TIPs

朝食の準備が
面倒なため
布団でぐずぐずしてしまう人

▶ 前日から大好物のパンや果物などを朝ごはん用に用意しておこう。

前日に
お風呂に入らず寝てしまって、
朝からシャワーを浴びるのが
億劫な人

▶ 帰宅したら、玄関から服を脱ぎ始めて風呂場に直行することで、風呂キャンセルを防止しよう。

朝テンションが
上がらない人

▶ 起きる時間に気分が上がりそうなノリノリの音楽や好きな曲が流れるようにタイマーをセットしておこう。

朝、着ていく服が
決まらない人

▶ 前日のうちにテンションの上がる服のコーディネートを考えてから眠る。

なぜ、充実した休日にしたいのに、ごろごろ寝てばかりになってしまうの?

〈 ノリコさん（30代・大学教員）のぼやき 〉

　休みの日には、本当はもっと外出していろんなことがしたいのですが、寝てばかりになってしまいます。一旦外に出てしまえば、元気に過ごせるのですが、出るまでが大変なのです。

　着替えなどの身支度の前に、溜まった洗濯や、部屋の掃除、クリーニング、食材や日用品の買い物など**休日にやるべきことが多くてうんざりして、やりたいことまでたどりつけない**のです。いや、**やるべきこともこなせず寝ています。**

　こんなふうなので、休日はいつもやる気がなくなってしまうのです。

> ### なんで、こうなるの？

　ノリコさんは、平日の疲れを休日に回復しようとしているため、ついつい寝すぎてしまいます。いわゆる「睡眠負債」を抱えているようです。

　しかし、ここでもっと注目したいのは、「外出のハードルの高さ」です。これには報酬遅延という脳の特徴が関係していま

す。一般的には、**私たちはご褒美（報酬）が早くもらえる行動を好みます**。やってすぐ結果が出るとか、すぐ褒めてもらえることは厭うことなくすぐします。しかしノリコさんは、外出するというご褒美にたどり着く前に、身支度や家事がたくさんあって、外出してパン屋にいくとか、映画を見るといった**楽しい用事（つまりご褒美となる報酬）が時間的に遠くにありました**。だからやる気が出ないのです。

▼

> ### ラク生き！解決策
>
> ## ご褒美が遅れないように
> ## 朝のやることを減らす！

　朝起きてからなるべく早く報酬（例：大好きなパン屋）にたどり着くためには、することを減らすといいでしょう。

　まず、身支度を最小限にすることで、時間を節約できます。**身支度のいくつか（例：洗顔、スキンケア、ヘアセット、着替えなど）の中で優先順をつけて3位までのもののみ実行してみる**などもいいでしょう。

　また、**家事は他の時間帯に行う**ようにします。たとえば、掃除や洗濯は必ず朝出かける前でないとだめでしょうか？　自分の常識や当たり前を疑うことが大事です。また、ご家族と同居の方は、誰かに家事を手伝ってもらうことで、負担を分散できます。

さらに、たとえばメイクや、新聞やネットニュースのチェックなど外に出てからでもできることは、できるだけ外出してから済ませるようにすることが重要です。お気に入りの香水の「ある人は、家でつける余裕がなくても、アトマイザーなどに入れてバッグに入れておけば外出中につけることができるかもしれません。これらの方法を実践することで、報酬が遅延しないしくみが整います。

ノリコさんは、前の晩から翌日に着る服を枕元に置いて寝ました。まずは、何よりも「外に出てパンを買いにいく」という行動を優先するために、メイクもヘアセットもしなくていいように、マスクをして髪は束ねて外出することにしました。

とりあえず着替えさえすれば案外ノーメイクでも大丈夫なものです。外に出て体が完全に目覚めて元気になってきたら、持参したメイクセットで簡単に化粧をしてもいいでしょう。洗濯は帰宅後にすることにしました。食材や日用品はネットスーパーで注文し、とにかく休みの日のお楽しみを最優先にしたのです。

こんなふうに起きてから出かけるまでのハードルが下がったことで、やっとノリコさんは休日の朝でも布団から出ることができました。

こんなお悩みにも使えるよ！　解決策の応用TIPs

週末に作り置きおかずを
料理しようとしたものの、
休みの日はゆっくりしたいと
布団から出られない人

▶ 簡単に調理できる食材を定期配送などを利用して常備しておき、時短レシピを活用してみる。

休みの日に家事の負担が
重すぎてつらい人

▶ 家族やルームメイトがいる人は、家事の分担を話し合い、タスクを分けてみる。ひとり暮らしの人は、ラクするための家電にお金をかける。さらに金銭的余裕のある人は、家事代行サービスの利用を検討する。精神科通院中の人は、ホームヘルパーが利用できる可能性もあるので主治医に相談しよう。

「休みの日こそリスキリング！」と
オンライン英会話を予約しているのに、
朝になるとキャンセルばかりしてしまう人

▶ オンライン英会話を始めるまでに、ヘアセット、メイク、着替え、朝ごはんまで済ませようとしていたのが敗因。ルーティンを最低限にして、髪をとかして眉だけ描いて受講すると決めたら、プレッシャーが減って、きっと起きられるようになる。

なぜ、いつも
お酒を飲みすぎてしまうの？

> マサユキさん（50代・飲料メーカー営業）のぼやき

健康診断でお酒を減らすよう指導されましたが、晩酌がやめられません。

飲む前はいつも「1本でやめよう」と思うのに、**飲み始めると「もうちょっとだけ」**と物足りなさからついつい2本目、3本目と手が伸びてしまいます。

妻からも小言を言われて困っています。

なんで、こうなるの？

　人間の行動には大きく分けて四つの理由があると言われています。飲酒を例にすると、一つ目は**「物や活動が得られる」**ことです。この場合では物＝お酒で、活動は晩酌という時間を過ごすことでしょうか。たとえば、喉が渇いているからお酒を飲んだり、おいしいつまみを楽しんだりすることが該当します。

　二つ目は**「社会的注目を得る」**ことです。お酒に強いと自慢できたり、お酒を介してつきあいが深まったりする場合です。

　三つ目は**「逃避や回避ができる」**ことです。酔ってしまえば嫌なことを忘れられるという理由です。

　四つ目は**「身体的感覚」**です。酔っ払ってほわっと脱力する感覚を楽しむことが該当します。

マサユキさんがお酒を飲む理由は三つ目の逃避や回避です。特に職場の苦手な上司と会議で同席する水曜日には、仕事のストレスが高まり、そのためお酒の量が増えてしまいます。このような理由で、彼はお酒を飲むことが多いのです。

▼

ラク生き！解決策

自分にとってのお酒を飲む
メリットを見直そう。

　自分にとってお酒を飲むメリットに注目し、本当は何を求めているのかを分析するとよいでしょう。そして、**やめたい行動を減らすために、その行動の理由を満たすような別の行動（代替行動）を増やして置き換えていくことが効果的です。**

　たとえば、マサユキさんの場合、特に職場の苦手な上司と同席する水曜日には仕事のストレスが高まり、そのためお酒の量が増えていました。つまり、ストレスを解消できるということがお酒を飲むメリットだったのです。そこで、水曜日に仕事のストレスを吐き出したり、解消したりするための行動を試みることにしました。

　具体的には、水曜日の夜にゴルフの練習場に通い始めたのです。ゴルフはリラックスできる趣味であり、体を動かすことで

ストレスを発散するのにも適しています。自宅だとグラスやおつまみ、食卓などいつもの晩酌を思い出すトリガーが多すぎますが、ゴルフ練習場には飲酒につながるきっかけがないのもよかったようです。

また、帰宅後には妻にその日の仕事の話を聞いてもらうことにしました。これにより、彼は言葉でストレスを表現し、共感を得ることで心の負担を軽くすることができました。

このような代替行動を取り入れることで、マサユキさんは自然とお酒の量が減っていきました。お酒に頼ることなくストレスを解消する方法を見つけたことで、彼の生活はより健康的になり、気持ちもすごくすっきりしました。さらに、ゴルフの練習は体力や技術の向上にもつながり、一石二鳥の効果を得ることができたのです。

代替行動を取り入れることで、やめたい行動を減らすことは非常に有効です。そのためにも、**まずはやめたい行動の奥に隠されている自分にとってのメリットに気づくことが大事なのです。**

> こんなお悩みにも使えるよ！　解決策の応用TIPs

接待会食で
お酒の席が多くて
お酒が減らせない人

▶ お酒の席で円滑な会話をすることが主目的のため、2杯に1杯はこっそり白湯やノンアルコールビール、烏龍茶などに切り替えてみる。

資格試験前になると
甘いものが
やめられない人

▶ 勉強のお供のご褒美として機能しているため、勉強できた日にはスケジュール帳にシールを貼るとか、勉強が終わったらお気に入りの入浴剤でお風呂に入るなど、食べ物以外のご褒美も用意して試験勉強を進める。

ストレスが溜まったときに
スナック菓子が無性に食べたくなって
健康や体重が心配な人

▶ 歯ごたえがあって体にも良いとされる別の食べ物（氷や漬物、ドライフルーツ、ナッツや小魚など）に置き換える。

2

滑り出しは
いいのに、
なぜか
遅刻ギリギリ

こんな「お悩み」で、今日もぼやいていませんか？

待ち合わせの時刻には
基本、間に合わない

▶ p.035

　どんな約束にも、5分は遅刻してしまう。なぜか、待ち合わせ時刻が近づくにつれてバタバタしてしまって、いつも出遅れる。

出勤前につい
余計なことをしたくなる。
おかげで出社が
ギリギリでぐったり

▶ p.039

　朝寝坊なんてしないし支度も順調。まだ時間があるからと、つい家事など始めると遅刻寸前……。始業時には息切れしていてエンジンがかからない。

なぜ、待ち合わせの時間に
間に合わせられないの？

ユキノさん（30代・広告会社クリエイティブ担当）のぼやき

　　仕事上の約束だけでなく、友達とのランチの約束も、美容院や病院の予約にも、**いつも5分ほど遅れてしまいます。**

　　友達は綺麗にヘアセットを済ませて手土産まで準備してくれているのに、私にはそんな余裕がありません。**待ち合わせ時刻が近づくにつれバタバタしてしまうのです。**

なんで、こうなるの？

　待ち合わせに間に合うように準備するのは**脳の実行機能**のなせる技で、脳の働きの中でも最も高度なものです。実行機能のプロセスは、**①出かける準備をスタートさせる「とりかかり」、②持っていく物を考えたり目的地までのルートを検索するなどの「計画立て」、③実際に身なりを整えたり持参する物をバッグに入れる作業を時計を見ながら進行させる「進捗気にして」、④準備の途中に別のことに気を取られすぎないように注意する「脱線防止」**の4つです。これらすべてがうまくいって初めて遅刻せずにたどり着けるのです。

　ユキノさんは、②の「計画立て」をせずに、支度を始めてし

まうことが原因で、準備がうまくいかないのです。

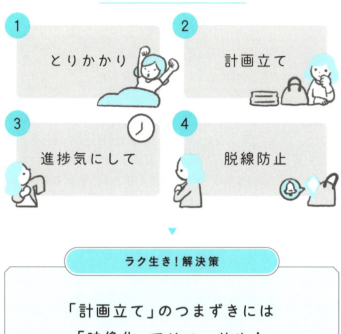

脳の実行機能の4つのプロセス

1 とりかかり
2 計画立て
3 進捗気にして
4 脱線防止

ラク生き！解決策

「計画立て」のつまずきには
「映像化」でリハーサル！

　実行機能の4段階のプロセスを考えてみると計画立てがいかに高度な作業かおわかりいただけるでしょう。どこかでつまずいてしまうのは仕方ないけれど、「どこでつまずいたのかな？」と認識できれば改善策もみつかりやすくなります。

　ユキノさんは着替えながら天気予報を検索、雨予報だと雨用の服に着替え直す、バスに乗ってから「あー、この間の旅行のお土産、持ってきたらよかった」と気づく、駅に到着して初め

て「駅ビルの百貨店の会員カードを持ってきたらよかった」と後悔。こんなふうに、すべて後手後手になってしまいます。

　いつもつまずくプロセスはどこかを洗い出したら、待ち合わせ場所に到着するまでの計画を立てていきます。コツとしては、明日の自分の行動を具体的に想像して頭の中で映像化することが非常におすすめです。すると、計画の内容や段取りが具体的に見えてきてイメージトレーニングやリハーサルの効果を果たしてくれるので、本番での準備がスムーズに進みます。

　ユキノさんはこの方法によって、友達とランチする日の前夜に天気を調べ、雨であることを確認しました。それを踏まえて、まず防水加工のある靴を選び、次にそれに合う服を決定しました。また、駅まで乗るバスが雨の日には遅れがちになると思い出し、早めに到着する経路を検索しました。さらに、友達がいつも手作りクッキーをくれることを思い出し、旅行のお土産を持参することにしました。また、帰りに駅前のデパートで、ついでに買い物をするために会員カードを財布に入れました。

　このように、**映像で明日の状況を具体的に思い浮かべることで、計画を立て、効率よく準備を進めることができます**。この方法を実践することで、ユキノさんは前もって計画を立てるスキルを身につけ、準備が効率的に行えるようになりました。結果として、忘れ物も遅刻することもなくなり、時間にも気持ちにも余裕を持って行動できるようになったのです。

　友達はこうしたユキノさんの変化を喜んでくれて、さらに仲良くなれました。**計画を立てるとき、天気や服装、経路、持ち物、会う場所、友達と話す様子や話題など具体的なシチュエーションを頭の中で映像化してリハーサルすることが重要です。**

> こんなお悩みにも使えるよ！　解決策の応用TIPs

取引先に行く準備が
いつもバタバタして
手土産を忘れがちになる人

▶ 取引先での自分の様子を想像して頭の中で映像化して思い浮かべて準備した結果、先方がワイン好きだったことに気づいてお土産を用意することができる。

家族旅行に出発する際に、
留守にする間の家の
片付けや戸締りや支度で
混乱しがちな人

▶ 前日のうちに家族みんなで準備する物と当日出発前にやるべきことをリストアップして準備し、当日の朝に余裕を持って行動する。

目上の人の
お宅を訪問する際に
緊張する口下手な人

▶ 一緒に談笑する様子を思い浮かべて、話題をリストアップしたり、その人の好物やそれに合うお茶を準備して持参する。

なぜ毎朝、出掛けにいろいろ
やりたくなるのかな。
出社がギリギリで朝から疲れる……。

> サヤカさん（20代・地方銀行融資担当）のぼやき

　毎日職場に遅刻ギリギリに駆け込むため、余裕がなく、朝一の会議では頭が回りません。でも、決して起きるのが遅いわけではないのです。**「まだ間に合いそう」といつも余計なことを始めてしまい、家を出るのが遅くなるのです。**

　他の人たちは活発に発言しているけれど、私は会議資料が頭に入らず、うまく発言できません。

なんで、こうなるの？

　朝起きてから家を出るまでに、何をどういう順番でどのぐらい時間かけてこなしているでしょうか？　朝のルーティンが整っていれば、効率よく迅速に準備が進みます。忘れ物をせず、必要以上のタスクも盛り込まずに、余裕を持って職場に行けるはずです。

　この一連の流れには**実行機能**（35ページ参照）という脳の働きが関連していますが、サヤカさんの場合、④の**「脱線防止」が**うまくいっていません。ついつい「メイクしてたら鏡の汚れに気づいたから掃除しておこう」とか、「朝ごはんを食べながら

YouTubeを見ていたら、ついつい関連動画に見入ってしまった」などの「脱線」を起こしていて、それがギリギリになる原因のようです。

　サヤカさんが職場に余裕を持って到着するには、朝のルーティンをしっかり構築し、そこから脱線をしないことが大事なのです。

ラク生き！解決策

支度途中の「脱線」は、
アプリの呼びかけに頼ろう。

　まず、朝のルーティンを確立します。朝の準備に必要なタスクをリストアップし、それぞれに実際何分ずつかかっているかをスマホのタイマーなどで計測します。

　このタイムログに基づき、

① 同時にしたほうが効率がいい活動

② 別の時間帯に行うほうがいい活動

③ 自分以外の誰かに頼める活動

④ 最も行いやすい順番

⑤ 部屋の動線として最も効率的な順番や必要な物品の配置

についても検討します。

　たとえば、顔を洗っている間に冷凍ごはんをレンジで温めれば時間が節約できますね。これは同時にしたほうが効率のよい作業といえます。

また、朝起きるのが苦手なのに朝から洗濯をして遅刻しがちな人は、夜のうちに洗濯を終わらせてしまったほうがいいので、これは別の時間帯に行うほうがいい作業といえます。このように、ひとつひとつの朝の準備作業を分析していきましょう。

こうしてできた朝のルーティンをスムーズに実行するためには、**「ルーチンタイマー」**というアプリがおすすめです。このアプリは、各タスクとそれにかかる時間を「今から5分で着替えてください」「今から3分で歯磨きしてください」のように呼びかけてくれます。スマホやゲームに「脱線」するスキが生まれないように、やるべきことを音声で次々に提示してもらうのがミソです。

サヤカさんの場合、ルーチンタイマーに1分ごとに細かく指示を出してもらうことにしました。「今から1分で顔を洗ってください」「今から1分で化粧水をつけてください」と次々に出される指示に、さすがのサヤカさんも脱線しようがないようです。そのとおりにこなすと最も効率よく朝の準備が終わるので、従おうという気になるのです。

ルーチンタイマーとつき合っているうちに、職場の到着時間までに余裕ができ、朝から疲れることが減り、仕事のパフォーマンスも向上しました。

> こんなお悩みにも使えるよ！　解決策の応用TIPs

夕食の後すぐに
食器を洗えない人

▶ 夕食後のルーティンを作り、ルーチンタイマーで呼びかけてもらう。もちろんその後の自分へのご褒美も忘れずに。

朝急ぐ様子もなく
マイペースで準備をする
子どもについて悩んでいる人

▶ 朝のルーティンを整えたら、ルーチンタイマーで「今からお米を食べると見せかけて味噌汁をどうぞ」のように遊び心を取り入れながら、なるべく短い間隔で指示を出す。

毎月の定例会議のたびに
バタバタ準備するのが
つらい人

▶ その会議に必要な物品リストや、やることリストを作成して、今月の会議が終わって間もない時期、つまり翌月の会議の3週間前にやること、1週間前にやること、1時間前にやること……とやるタイミングとやることを明確にして、該当する日のスケジュール帳に記入しておこう。

3

段取りや準備で頭がパンクする

こんな「お悩み」で、今日もぼやいていませんか？

外勤に行こうとすると、
直前にあたふたしてしまう

▶ p.046

アポイントは随分前から決まっていて、記憶も認識もしているのに、いつも出掛ける前はあたふたしてギリギリに。なぜか直前までオンライン会議をしていることも。

他人を家に招くのが
とてつもなく億劫

▶ p.050

会社の同僚同士や保育園の親子付き合いで、ホームパーティーの機会があると、準備のことを想像するだけで爆発しそうになる。

「ついで」を忘れる

▶ p.054

一つの用事を済ませに行くついでに他のことも一緒に片付ければいいのに、だいたい忘れる。隙間時間の活用なんて夢のまた夢……。

旅行の準備が
なかなかできない

▶ p.057

旅行に行くのは大好きなのに、持ち物がなかなか決まらない。荷造りしなきゃと思うと気が重すぎて、旅行の数日前からどんより。

家事が負担で
毎日疲労困憊

▶ p.061

　家族と家事分担していても、やっぱり家事がつらい……。こんなに負担を感じるのが自分でも不思議だけど、仕事から帰ってきたら何もやりたくない。

長い文章を書く資料や報告書が
いつまでたっても仕上がらない

▶ p.065

　資料作成のための参考情報やデータは、まず、とにかく多めに集めたい。でも、結局どれが必要かわからなくなって、文章を書き始められなくなってしまう。

3

段取りや準備で頭がパンクする

045

なぜ、外勤に行こうとする直前に、あたふたしてしまうの？

> トオルさん（30代・印刷会社営業）のぼやき
>
> 取引先との約束があるときでも、**外出の直前までオンライン会議を入れてしまい、持参すべき書類を出掛けにプリントアウトすることになって、バタバタしてしまいます。**
>
> 上司は「約束の時間に遅れたらどうするんだ。いつもギリギリじゃないか」と、いつもヒヤヒヤしながら僕を見ています。

なんで、こうなるの？

記憶力に自信のない人は、**スケジュール帳にいちいち書くまでもない小さな予定をつい忘れてしまい、ダブルブッキングやタイトスケジュールを立ててしまいがち**です。

トオルさんは、スケジュール帳で予定を管理しています。確かにその日15時からの取引先とのアポイントは記入されていました。しかし、その取引先がどこにあるのか、移動に何分かかるのかはなんとなく把握しているだけで、「たぶん30分あれば着くんじゃないか」という程度の認識でした。そこを曖昧なままにしていたため、スケジュール帳の上では、空白で予定の

入っていない14〜15時、つまり会社を出るべき時間にオンライン会議の予定をうっかり重ねて入れてしまっていたのです。

そのせいで、外出直前の14時20分ごろまでオンライン会議が続き、取引先訪問に必要な持ち物がそろっているかを確認する時間が確保できませんでした。このままでは、取引先への持ち物の準備が間に合わなかったり、アポに遅れていったりすることも起きてしまいます。

ラク生き！解決策

スケジュール帳に移動時間と持参物を記入しよう！

記憶力に自信のない人は、スケジュール帳を自分の外部メモリとして活用し、細かい予定まで逐一書いておきましょう。そ

の際、スケジュール帳には**アポの相手、時間や場所だけでなく、移動時間と準備時間も記入するのがポイント**です。たとえば、取引先に向かう前の準備時間を確保し、持ち物の確認を行うための時間を設けてメモしておきます。

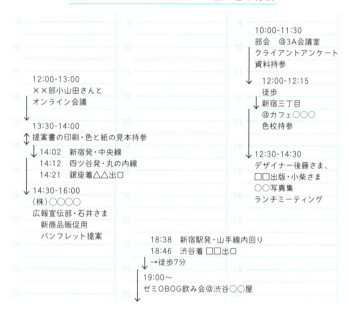

行動がラクになるスケジュール帳の書き方例

また、出発直前の時間帯にオンライン会議を入れているという、あまりに過密なスケジュールを立てていることも問題でした。**出発前にはあらかじめ作成した持ち物リストを確認する時間を確保しましょう。**トオルさんもこれらを実行した結果、外勤に行く前にバタバタしたり、忘れ物をすることが減りました。

> こんなお悩みにも使えるよ！　解決策の応用TIPs

子どもを保育園や学校などに
送る前にバタバタする人

▶ スケジュール帳に移動時間と準備時間を記入し、「今日提出する書類」「水着」などの必要な持ち物も一緒に記入しておけば忘れにくくなる。

会議が始まるまでに
資料や会議室設営の
準備が間に合わない人

▶ スケジュール帳に準備時間を記入し、その準備時間の欄に必要な資料や椅子やホワイトボードなどの準備物をリストアップしておこう。

旅行前に
慌てふためく人

▶ 旅行のスケジュール（家を出る時間、電車や飛行機の発車時間と便名、到着時間や宿泊先）に加えて持ち物リストを作成してすべてスケジュール帳に記入しておけばスムーズに準備や実行ができる。

遠方の友人を
訪ねるときに、
迎えに来てもらう
時間をなかなか
連絡できない人

▶ 新幹線や飛行機を手配した段階で友人の最寄り駅までの経路と所要時間をスケジュール帳に記入し、連絡しておこう。

3

段取りや準備で頭がパンクする

049

なぜ、私は人を家に招くのが億劫すぎるのでしょう？

> ケイコさん（30代・化粧品メーカー研究職）のぼやき

保育園の親同士で子どもの誕生日会を企画して招き合うのが習慣になっています。でも、部屋の掃除に食事の準備、プレゼントの手配など**準備や段取りを考えただけで、頭の中がとっちらかって倒れそうです。**

何よりまず、参加する人たちの中で誰を中心に日程を合わせていくのがいいのかが悩ましくて……。料理も何をどのぐらい用意すべきか考えるのが大変です。

仕事も忙しいので家族の食事の準備だけで日々手いっぱいで……。だから、家に人を招きたくないんです。

なんで、こうなるの？

ADHDの人のカウンセリングをしていると**意思決定が苦手**な方と多く出会います。「友達へのお見舞いの品は何がいいかな」「夏休みの旅行先はどこにしよう」「もうすぐ車検だけどどの業者に出したらいいか、もう買い換えたほうがいいのか、よくわからない」「スマホの充電がそろそろもたなくなってきたけど、買い換えると高そうだし、どうしよう」「なんとなくずっと今のインターネット回線を契約し続けてきたけど、もっとお得なプランがあるのかな。どうしよう」「この先もずっとこの

家に住むのかな。一軒家かマンションを買うか、賃貸のままか」「副業を始めたいけれど、何をすればいいかわからないし、何から手をつければいいのかもわからない」など、私たちは多くの決定しなければならない事項に囲まれて生きています。

　これらがある程度決まれば、安心して生きていけるでしょう。しかし物事を決められないことが続くと、いつまでもぐるぐると考え続けて消耗してしまうのです。

　ケイコさんもまたいつも選択肢をあれこれ挙げて広げるのに、そこから取捨選択して意思決定するのが苦手なタイプです。家の掃除や食事の準備、プレゼントの手配といった複数のタスクが重なり、どこから手をつければいいのかわからなくなっています。その上、**タスクの性質が相手の気持ちを考えなければならないものだと、ますます戸惑う理由になります。**

　もっと早い時期に、「この日程でやろう」「このケーキにしよう」と決定できれば全体的な計画が立てられるのですが、**いつまでも優柔不断であるため、ぎりぎりでやることに追われて本来楽しいはずの誕生日会が疲れる経験になりがち**なのです。これが、家に人を招くことがますます億劫になる原因です。

▼

ラク生き！解決策

意思決定上手になろう。

　まず、家に人を招くための計画を立てる際には、**ハード面か**

ら順に決めていくことが重要です。具体的には、どこで（リビング、客間、庭、マンションの共有スペースなど）、何時から何時まで、誰を招待するか、予算はいくらか、といった基本的な要素、ハード面を最初に決定します。**決定事項は、メモ帳などに書いておくといいでしょう。**これにより、全体像が見えやすくなり、細かい部分の計画もスムーズに決めることができます。

　次に、食べ物やプレゼント、飾り付けなどのソフト面を決定します。ソフト面には、無数の選択肢がありますし、好みや相手の反応が気になるなどのいろんな要素がかかわるところです。また、ハード面に大きく影響されますので先に決めず、決定は後に回します。

　ケイコさんは、まずハード面の決定からとりかかりました。パーティの会場を自宅のリビングにして、自分が疲れない時間帯と尺で12時から16時までに設定したのです。招待するのはこれまで誕生日会に招待してくれたお友達だけにし、予算はそのお友達の慣例に従うことにしました。ここまで決まるとケイコさんはほっとしました。

　そして、家の掃除は、自分が他人の家に行ったときに清潔感がより気になる玄関、洗面所、トイレ、食卓の周りを優先して行いました。また、食事やスイーツなどの準備については、デリバリーサービスやケータリングを利用することで、手間を大幅に減らします。プレゼントの手配についても、オンラインショッピングにして時間を節約します。こうして、ケイコさんはストレスなく家に人を招くことができるようになりました。

こんなお悩みにも使えるよ！　解決策の応用TIPs

仕事の
プロジェクト管理が
苦手な人

▶ プロジェクトの期限、予算、完成予想図、割ける人数を確定させる。中でも完成予想図を最優先で明確にすれば、そのための手段（タスクの処理方法）が決定し、期限から逆算して大まかなスケジュールを立てられる。

引越準備が
進まない人

▶ まずは引越日や引越のための予算、人手などの基本事項を確定させ、その後に引越業者の選定、役所への届出、ガスや電気の引越手続き、郵便局への転居届け、梱包や荷物の整理といった詳細を決めていくことで、混乱しにくくなる。

旅行の計画が
苦手な人

▶ 旅行の日程や目的地、予算、メンバーなどの基本計画を先に立て、その後に宿泊施設の予約や交通手段の手配、持ち物の準備などの詳細を詰めていくことで、旅行準備がスムーズになる。

なぜ、ついでに済ませられる
用事を忘れてしまうの？
効率が悪くて仕方ないです！

> アキさん（40代・百貨店企画担当）のぼやき

今日もまた、駅に行くついでに、駅前の郵便局で振込をしたいと思っていたのに、うっかり忘れてしまいました。**何かのついでに別の用事を済ますことを忘れがちで、効率的に動けません。**

バスの待ち時間や会議と会議の間にあるちょっとした隙間時間に何かしようとしても、手元に必要なものがなく、時間を無駄にしてしまうことが多いのです。

わざわざ振込のためだけに郵便局に行くなんて面倒。本当は「ついで」にさっさと済ませて趣味の庭の植木の手入れやヨガを楽しみたいのに……。

なんで、こうなるの？

隙間時間の活用は、時間管理の一環として重要です。アキさんは用事を忘れやすく、ついでに済ませることができず、効率的に動けていません。これには、**用事の優先順位をつけることが苦手な点が影響しています。**事前にリストを作成しておくといいのですが、そうしていないので何をすべきかを明確に把握できていません。また、バスの待ち時間などの隙間時間は不意

に訪れるので、予測できません。そのため、**「いつ隙間時間が
きてもちゃんとやることがあるもんね」と事前の準備をしてお
けるといいですね**。アキさんは、その準備が不足しているため
に効率が悪くなっているのです。

▼

> ### ラク生き！解決策
>
> 隙間時間はいつも突然に……。
> 小さなタスクを持ち歩こう！

　まず、隙間時間を効率的に活用するために、**ついでに済ませ
る用事のリストを作成し、常に持ち歩く**ようにしましょう。た
とえば、振込用紙や手紙の返事などの小さな雑用をリストアッ
プし、チェックリストを作ります。バスの待ち時間や会議前の
時間など、短時間でも活用できるように工夫することが重要で
す。また、**スマートフォンのリマインダー機能を活用して、隙
間時間にやるべきタスクを通知するように設定**します。これに
より、隙間時間を有効に使うことができます。

　アキさんは、ついでに済ませる用事のリストを作成し、常に
持ち歩くようにしました。これで、うっかり忘れがかなり減り
ました。そして、ずっと出せずにいたお礼状を、用事と用事の
すきま時間に書くことができたのです。リマインダーのおかげ
です。最近は趣味の庭づくりやヨガを楽しむゆとりも出てきた
そうです。

> こんなお悩みにも使えるよ！　解決策の応用TIPs

出張中の隙間時間を
利用したい人

▶ 出張先へ向かう電車や飛行機の中や、取引先との待ち合わせに少し早く着いた場合の隙間時間にちょうどいい長さのタスクのリストを作成する。たとえば、1、2通のメールの返信、来週の会議のリマインドメールの送信、先日の会議の議事録を共有するメールの文章を考える、プレゼンの構想を練るなど。

通院中の病院の
待ち時間を
有効に使いたい人

▶ 待合室のソファーに座ったままでも作業ができる家計簿アプリを活用する。ジップの付いた小さなビニール袋などにこれから登録するレシートの束を入れて持ち歩くようにする。

バスや電車の
待ち時間を
勉強に
活用したい人

▶ 通勤にかかる30分間でできそうな単語カードを持ち歩いたり、ちょうどいい長さの勉強動画をブックマークしておき、バスや電車の中で取り組もう。

なぜ、楽しいはずの旅行の準備が憂鬱になってしまうの？

3

段取りや準備で頭がパンクする

> フミナさん（30代、雑誌編集者）のぼやき

旅行が好きで楽しみにしているのに、**なぜかいつも荷造りが後回しになってしまうんです。しかも、旅行前の数日間は本当に憂鬱で……。**

来週から友達と沖縄旅行に行くのですが、向こうで何をするかまだ決めていないせいで、どんな服装がふさわしいかわからず、着替えのコーディネートも決まらないんですよ。

沖縄と言えば海。ということは、水着も準備したほうがいいのかな。

なんで、こうなるの？

一般的に、旅行準備の際に起きる問題の原因は**意思決定の順番が不明瞭**であることが多いです。特に、ADHD傾向のある方には多く見られます。**未決の情報が多すぎて混乱し、何から手を付ければよいのかわからなくなります。**旅先での服装を含めた持ち物リストを決めるにあたって必要な「旅程」が曖昧だと、準備が開始できないのです。

フミナさんは、旅行の詳細が決まっていないせいで、何を準

057

備すればよいのかが不明確であるため、荷物のリストを作成できません。そのためいつも旅行前にストレスが溜まり、旅行自体を楽しめなくなる可能性があるのです。

▼

ラク生き！解決策

旅の準備は決める順番が大事！

　旅行の準備をスムーズにするためには、まず、**決める順番を意識する**ことが重要です。

　最初に大まかな旅程を決定し、次に持ち物リストを作成します。たとえば、**出発の30日ぐらい前までに、訪れたい観光スポットと飲食店などを決めて、必要であれば予約を入れておきます**。

　この時点で訪れる観光スポットの場所や場所から場所へのアクセス方法が決まりますので、現地では公共交通機関やタクシーを利用するのか、レンタカーを借りる必要があるのかもわかってきます。

　レンタカーは、旅先が島の場合や観光地ではないエリアなど、地域によっては台数が限られていて数カ月前から予約しておかないと、直前では確保できないこともあります。しかし、アクティビティによっては、ホテルまでバスなどで迎えに来てくれるものもあり、レンタカーは要らないかもしれません。そうした情報もウェブサイトで調べてメモをしておくと安心できるでしょう。

その後、**出発の10日ぐらい前までには、旅行先でのアクティビティに応じた服や靴、水着などメインのものと、使い捨てコンタクトなどの必需品をリストアップ**します。そして、さらにそれに付随して必要なもの、たとえばラッシュガードにスイムシューズ、シュノーケリングセット、ビーチサンダル、タオルや日焼け止めといった感じでリストに追加し、足りないものはネットショップなど買いに行く手間をなるべく減らす方法で購入していきます。

10日前というのは少々早いのではないかと思われるかもしれませんが、こうした旅行アイテムをネット購入しようとすると特にシーズン物は注文が殺到することが多く、商品の到着までに多くの日数を要することがあるため、早めに準備しておくのが賢明です。

フミナさんもこの方法でやってみると、準備が格段にスムーズに進みました。その結果、旅行前のストレスが軽減され、旅行を楽しむことができました。

> こんなお悩みにも使えるよ！　解決策の応用TIPs

仕事のイベントの準備を
いつも面倒に感じてしまう人

▶ イベントの日程と人数と予算を先に決めてから、
会場探しと必要な持ち物リストを作成し、段階的に
準備を進めよう。

仲間との
日帰りバーベキューの
企画を任された人

▶ 準備物は予算と会場により左右される。予算が許
せば、手ぶらでバーベキューも可能だが、予算が少
ない場合には、飲み物や材料は持参する必要がある
かもしれない。そのため、まずは予算の決定、場所
の決定、準備するものの決定の順で決めよう。

出張の準備が
大変な人

▶ 最優先するのは、仕事に関する物のリストアップ。
名刺に提案資料、さまざまな場合を想定してパソコ
ンも持参する。また、仕事用の服に加え、行きと帰
りは多少リラックスした服装や靴を用意すれば疲労
も溜まりにくくなるはず。

なぜ、こんなに
家事の負担を感じるの？
毎日疲れが取れません。

3

段取りや準備で頭がパンクする

> マサコさん（40代、看護師）のぼやき
>
> 　共働きで毎日忙しくしています。仕事を終えて帰宅するのはだいたい18時。
>
> 　家事は夫と分担していて、私が食事を作る担当なので、それから夕食を作ります。でも、既にその時間になると気力も体力もなくなっていて、毎日、自分の担当する家事だけで疲弊しています。**料理がもともと嫌いで、準備や後片付けが特に苦痛です。**
>
> 　公平に家事分担している夫には言えないのですが、**家に帰ってからは、本当は何もしたくないんです。**

なんで、こうなるの？

　負担感の大きいタスク、面倒でしょうがないタスクに対して重い腰を上げる際に、カウンセラーは「タスクのことをもっと細かく教えてもらえますか？　特に負担感が大きいのはどの部分でしょう」と質問しながら、解像度を上げていきます。

　こうすることで、タスク全体をひとかたまりとみなして「負担だ」と言っているときよりも、**部分の寄せ集めとしてみた時の方が「ああこの部分が嫌なら、これで軽減できるかも」など**

061

と対策が取りやすいのです。

マサコさんは、料理が嫌いなため、料理の準備や後片付けに時間と労力がかかり、疲れ果てています。また、**マサコさんの家事の仕方は、平均的な仕方より、一つひとつの工程が多い傾向がありました**。そのうちのどの部分に時間がかかっているのかを把握していないため、改善策が見つけにくいのです。

さらに、日中はフルタイムで働いているため、家事の負担が大きくなり、体力的にも精神的にも疲れやすい状況にあります。このままでは、マサコさんは倒れてしまうかもしれません。

ラク生き！解決策

特に負担を感じる家事を プロセスに分解して 効率アップ！

まず、あなたが大きく負担を感じる家事について、**細かい工程を明確にする**ことが重要です。そうすることで、効率を上げることができます。

たとえば、料理の準備で野菜を切るのがストレスの高い工程であるとわかれば、カット済みの野菜や調理済みの食材を利用することで負担を減らすことができます。また、食器洗いの工程が嫌ならば、ワンプレートに盛り付けることで洗い物を減らすことができます。

さらに、買い物が負担なら食材やミールキット、お惣菜の宅配サービスを利用することも効果的です。

　料理全工程が嫌なら定期的にお惣菜を届けてもらうことで、疲れている日に料理をしなくても済むようにします。

　マサコさんは、毎週外勤がある木曜日にはより疲労が溜まるため、お惣菜の宅配サービスを、金曜日はピザの宅配を利用することで、料理の負担を減らしました。最も重荷になっていた料理がラクになったことで、マサコさんの家事の負担は軽くなり、少しだけ笑顔が戻りました。

こんなお悩みにも使えるよ！　解決策の応用TIPs

洗濯を畳むのが
嫌な人

▶ 洗濯物を畳む時間を短縮するために、ハンガーにかけて干して、そのままとりこみ、畳まずに収納する。

掃除が
負担である人

▶ 掃除機ロボットを導入すれば、自分はその間別のことができる。

お風呂掃除が
苦痛である人

▶ 手に持って使うタイプのスポンジと洗剤で浴槽に入って掃除すると手足が濡れ、体勢としてもきついので、長い柄のついたお風呂掃除ブラシを使って、浴槽の外側から立ったまま磨くことで負担を減らそう。

布団カバーや
シーツを変えるのが
面倒な人

▶ 布団全体を覆うタイプのシーツをやめて、ゴムで四隅にひっかけるだけの敷パッドや、角を紐で結ばずにスナップで止めるなどの簡単なものを選ぼう。

なぜ、長文の文書を作るのに ものすごく時間がかかるんだろう。

> マキコさん（30代、食品会社勤務）のぼやき
>
> とにかくプレゼン資料や報告書といった長文の文書作成が苦手です。
>
> **同僚に聞いてみると、せいぜい1、2時間あれば作れる資料のようですが、私の場合、平日のみならず休みの日も作業し、結局3日間費やしてもまだできません。**
>
> どうしてこんなに要領が悪いんだろう。休みが台無し……。こうした仕事があると思うだけで憂鬱な気持ちです。

なんで、こうなるの？

マキコさんの長文の文書作成を最も邪魔していたものは **「ゴールを見失ったまま情報を集めて混乱する」というパターン** でした。

マキコさんが実際にどのように報告書作成をしているのか、見せてもらいました。手順はこうです。

たとえば、「日本の家庭でよく作られているカレー」について海外の人に紹介するレポートをまとめるタスクがあったとしましょう。まずカレーについてネットで調べます。カレーの歴

史、カレーの種類、他の国で人気のカレー、日本のカレー……。**とにかく思いつくままカレーに関する情報を集めます。**

そして「あれ？　何を調べていたんだっけ？　何を書くんだっけ？　集めた情報が多すぎてまとめられない」と膨大な情報を海の中で溺れてしまうのです。

▼

ラク生き！解決策

ゴールを詳細に視覚化してから、
必要な情報のみを集めよう。

文章部分にボリュームのある文書作成の難しい点は、最終的にどんな文書ができあがればいいか（ゴール）を見失いがちなところです。長文であればあるほど、盛り込まなければならない要素が複数あり、その分集める情報も多くなるため、全体が把握しづらくなり、いつのまにか情報の海の中で迷子になってしまうのです。

ですから、**最初にゴールを詳細に視覚化してから、必要な情報のみを集めるとうまくいきます。**

具体的には、**どのぐらいの分量を求められているか、どのような構成（小見出し）が適当か、それぞれの小見出しのつながりや論理構成を計画します。** こうした明確な枠組みを頭の中だけで描かずに、メモに書き出してから、情報収集と文書作成を進めていけば、まるで海の中に灯台が現れたように、ゴールを見

失わずに書き進められます。

　マキコさんには、情報収集の前に、**「どんなレポートを提出するように求められているか」を上司にあらためて確認して明確にしてもらいました。**すると、「A4用紙に3枚程度」を想定していて、内容を考えれば10枚は優に超えると考えていたマキコさんは、そんなに多くの情報が盛り込めないことに気づかされました。

　それに伴って、当初盛り込みたいと思い描いていた「カレーの歴史」や「他の国で人気のカレー」は、書いたとしてもせいぜいそれぞれ300字程度が最大だと判断できました。

　また、**盛り込みたいトピックスを小見出しにして、それを先にメモしておく**と、よい流れが構成できました。

　マキコさんは驚きました。
「そっか……。各小見出しに対してたった数行ずつ書くための情報を集めればいいだけなのに、ネット検索しているうちにどんどん脱線していたなあ」
　こうして、必要最小限の情報検索で済ませられ、混乱せずに文章を書き上げることができたのです。

3

段取りや準備で頭がパンクする

067

> こんなお悩みにも使えるよ！　解決策の応用TIPs

手紙の返事を
書くのが苦手な人

▶ 先に何を書くかを決めないまま思いつくままにペンを走らせている場合には、他のメモに伝えたいことを箇条書きにしてから書き始めてみる。

企画書作成が
苦手な人

▶ 自分の企画への想いが強すぎて、多くの情報を盛り込もうとしすぎて流れが悪くなる傾向。一般的なテンプレートをAIで作成し、それに沿って自分の思考を整理しながら作成していこう。

出張報告書を書くのが
苦手な人

▶ 求められている分量や形式だけでなく、誰に報告して、どのように活用されるのかを最初に考えると、効果的な小見出しや項目を作り、要点も的確にまとめることができる。

4

コミュニケーションがなんだかうまくいかない

こんな「お悩み」で、今日もぼやいていませんか？

良かれと思って言ったのに迷惑そうにされる

▶ p.071

役に立ちたい、励ましたいと思って、心を込めてアドバイスやなぐさめの言葉を伝えたのに、お礼どころか嫌な顔をされることが多くて落ち込む。

相手の"不快ポイント"がどこにあるのかわからない

▶ p.075

いい感じで終わったと思った取引先との商談のあと、上司宛てにクレームが来たり、いいことを言ったのに急に相手が怒り出したり。何が気に食わないの？

気がつくと自分ばかりしゃべっている

▶ p.079

私の話をたくさん聞いてくれるから、好きなだけしゃべったけれど、そういえば相手はほとんど口を開かなかった。楽しかったのに、その後仲良くなっていない。

親友がほしいのに親友がいない

▶ p.083

自分よりすごい親友がほしい。その人からいろいろ吸収したいし、人脈も広がりそうだから。なのに親友どころか友達もなかなかできない。

なぜ、良かれと思って言ったのに迷惑そうにされるの？

4

コミュニケーションがなんだかうまくいかない

> ユウキさん（20代、企業コンサルタント）のぼやき

僕には年下の恋人がいるのですが、**彼女のために何かしてあげたいといつも考えています**。たとえば、仕事のミスで落ち込んでいる様子を見ると、少しでも力になってあげたくなるんです。

だから、どんなふうにミスが起きたのか状況を聞き出して「取引先に予算と納期についてはっきり確認しておかないからミスが生じたんじゃないかな。次からは気をつけた方がいいよ」**と優しく助言しました**。

すると彼女は「そんなの私だって知ってるよ」と不機嫌になったのです。せっかく聞いてあげたのに、彼女の態度にはがっかり。面白くありません。

今回だけじゃなくて、**せっかくいいアドバイスをしたのに、彼女が不機嫌になることがよくあって**、何がいけないんだろう……。

なんで、こうなるの？

相手に何か助言をしたくなる背景には**「すべき思考」と呼ばれる認知の歪み**がある場合が多いです。これは、「～して当たり前だ」「普通～するべきだ」という私たちが自分自身や相手

に対して求めている基準のような思考を指します。

　ユウキさんは、相手を思いやって仕事でミスが生じた状況を丁寧に聞き出し、次に同じ失敗を繰り返さないための助言をしましたが、そのアプローチが相手の気持ちに寄り添っていませんでした。

　彼女としては、ミスをして上司に叱られた**つらかった気持ちをもっと聞いてほしかったのです**。しかし、ユウキさんは、**相手の気持ちを理解しようとせず、自分の意見を押し付けてしまっていました**。「〜してあげたい」という表現にもそれが表れています。

　まとめると、ユウキさんは相手の気持ちを聞いた上で共感しようとすることができていないのです。このようなやりとりを繰り返していては、この恋愛は続かないかもしれません。

ラク生き！解決策

すべき思考から脱却して
相手がしてほしいことに
焦点を当てよう！

　認知行動療法では、認知（考え方、捉え方）と感情の関係に注目しながら、認知の歪みがあればそれを自己理解し、ほぐしながら認知を柔軟なものへと変容させます。このことで、コミュニケーションのバリエーションが増えて、流暢になるのです。

この手法をベースにして、まず、**すべき思考を「〜した方がいい」と言い換えることで、他にもいろんなやり方があるとモノの見方の幅を広げます**。たとえば、「ミスをなくすべき」と感じるとプレッシャーがかかりますが、「ミスをなくしたほうがいい」と言い換えることで、相手の負担が軽減されます。

さらに、**恋人が本当は何を求めているのかを確認することが重要です**。助言をする前に、相手の気持ちを十分に聞き、「それはつらかったね」「悔しかったね」「ミスなんてしたくてしてるわけじゃないのにね」などと**共感の態度を示す**ことで、相手に寄り添ったサポートができるようになります。

ユウキさんもこの方法で恋人と向き合ってみました。すると恋人は、「私ね、解決のアドバイスがほしいんじゃなくて、ユウキに大丈夫だよって言ってほしかっただけだったのよ」と言いました。

ユウキさんは自分にすべき思考を浴びせ、いつもがんばることで目標を達成してきました。それでついつい恋人にもすべき思考を押し付けてしまっていたことを詫びました。恋人はユウキさんの素直な姿勢に安心感を得られたようです。

こんなお悩みにも使えるよ！ 解決策の応用TIPs

塾の成績が落ちてしまい
悩む中学生の子どもに
何か声をかけてあげたい人

▶ ついつい成績を上げるための解決法を押し付けがちだけれど、まずは深呼吸して、子どもの気持ちに寄り添い、「成績が下がってショックだよね」と共感の言葉をかけることから始めてみよう。

「何をしても痩せないの」という
友達の愚痴を聞いていると、
アドバイスしたくなる人

▶ 自分の成功したダイエット法やテレビや雑誌で見た健康情報をすぐに持ち出して、食事や運動について指摘するより、共感して「そうなの、つらいよね」と声をかけてみる。

親との関係で長年悩んでいる
友達の話を聞いて
力になりたいと思っている人

▶ どんなに親が友達にひどいことをしているように思えても、どんなに友達が親に対して不適切なかかわりをしていたとしても、まずは友達の気持ちに寄り添って「つらいね」「それは腹が立つね」と共感の言葉をかけよう。

なぜ、相手の“不快ポイント”が
わからないんだろう？

> ショウさん（30代、不動産営業）のぼやき

　　取引先のお客さまと面会中に、話が途切れないよう気を遣ってトークを一生懸命がんばっています。おしゃべりは昔から得意で、特にお客さまが笑ってくれるとうれしくなります。

　　今日も絶好調のトークで「この世に生まれてきたからには、自分が一生かけてやりたいことを見つけて一生懸命努力した方が幸せですよね」と熱弁して気持ちよく帰ってきました。

　　しかし後から会社にクレームが入ったのです。「あんなふうに熱くトークされても、誰もが好きなことを仕事にできるわけじゃないのに。押し付けだ」と。

　　思いもよらない角度からのクレームで、**もしかしてこれまでのお客さまも自分の考えを押し付けられていると感じていたのではないか？などと考えだして、接客が怖くなってしまいました。**

なんで、こうなるの？

　ショウさんは、相手の気持ちや考えを十分に理解しようとせずに一方的にトークを進めて、結果として相手を不快にさせて

しまいました。ショウさんの生き方が素敵なものであることは間違いないのですが、**相手の反応を見ながらトークを調整するという慎重な姿勢が少々足りなかったかもしれません**。そのため、相手の"不快ポイント"を刺激してしまったようです。クレームが入ったことで自信を失い、接客に対する恐怖心が芽生えてしまいました。このままでは、せっかくのショウさんの持ち前の明るさが台無しです。

また、ショウさんには**相手の気持ちを「わかっているという思い込み」という認知の歪みがあることも原因です**。相手の気持ちは、プロのカウンセラーでも読み違うことが多いもので、相手の本当の気持ちや考えを把握しようとせずに接するとトラブルが生じます。他者視点を獲得しようと努めて、相手の反応を観察し、それをふまえて適切な質問をすることで、相手が突然怒ってしまうことはなくなっていきます。

ラク生き！解決策

Yesがもらえそうな質問を
五つしよう。

まず、相手を丁寧に観察し、Yesがもらえそうな質問を五つすることを意識しましょう。たとえば、相手が黄色の服を着ていたら「黄色がお好きなんですか？」と尋ねたり、雨の日に困った表情で傘を畳んでいる相手に「本当に厄介な雨ですね」と声をかけることで、相手は「この人は私のことを理解してくれ

る」と感じるようになります。Yesで答えるうちに、相手は心を開いていろんな話をしてくれるようになり、情報が集まれば、地雷でない安全なエリアが見えてくるのです。

　ショウさんは、次の接客の時には、まず相手を観察し、Yesがもらえそうな質問を意識して実践しました。ちょうどその日の顧客は、はっとするほど綺麗なブルーの上着が似合う人だったので「綺麗なブルーでよくお似合いですね！　お好きなんでしょうか？」と尋ねてみました。顧客は、実は沖縄の海に魅せられて、珊瑚を守るための活動をしていることを目を輝かせながら教えてくれました。

　こうしたやりとりを心がけていくうちに、ショウさんの自分が主役になりがちなコミュニケーションは、相手を主役にしたコミュニケーションに変わり、クレームどころか相手からさらに笑顔を引き出せるようになったのです。こうしてショウさんは、自信を取り戻すことができました。

> こんなお悩みにも使えるよ！　解決策の応用TIPs

婚活で
初対面の相手とお茶するのが
非常に苦手な人

▶ 相手の様子を観察し、「緊張しますよね」「ゆっくりうなずいてお話を聞いてくださるんですね。昔からそんなふうなのですか？　お優しいんですね」などYesがもらえそうな質問を重ねながら、親しくなっていこう。

初めて参加する
バレーボールサークルで
輪の中に入っていくとき

▶ 皆のプレイを観察し、「すごいアタックでしたね！いつからバレーをなさってるんですか？　やはり経験が長いんですか？」などYesがもらえそうな質問をしながら、仲を深めていこう。

初対面ばかりの
懇親会で緊張する人

▶ 並んでいる料理や飲み物の話、相手のグラスの状況を見ながら「ビールがお好きなんですか？」「2杯目以降はどうしますか？」などと話しかけて会話のきっかけを探ってみる。

なぜ、いつも気づくと
自分の話ばかり
してしまっているのかな。

ノリカさん（20代、ホテルフロント係）のぼやき

　今、婚活中です。友達や先輩、後輩たちからは、たびたび「ノリカは清潔感があって、かわいらしいよね」と言ってもらえるので、他人からの印象は悪くないのかなと思っています。

　結婚相談所に登録したところ、担当の方からは「人気者ですね！　申し込みが殺到していますよ」と言われ、何人かとはデートまで漕ぎ着けました。話しやすい方ばかりで、私の話に耳を傾けてくれるので、おしゃべりを楽しんでいたら時間が足りないぐらいで。

　それなのに、**なぜかどの人からも2回目のお誘いがないのです。「あんなに楽しいデートだったのに、なぜなんだろう」と理由がわからず悶々としています。**

なんで、こうなるの？

　私たちカウンセラーは、カウンセリングを始める際に、なんとか相手に心を開いてもらえるように共感的理解ができるよう努力します。共感的理解は、なるべく相手を丁寧に観察しながら、「今あなたはもしかしたらこういう状況にいるのではない

か」「そんな状況にいるのならばおそらくこんな気持ちなのではないか」と相手の気持ちを推察しながらも、決めつけてしまうことなく相手に確かめる作業を繰り返しながら、相手を理解しようとすることです。共感的理解がうまくできると、相手は「わかってもらえた」と安心し喜んでくれます。人と人が関係を築くにはこの共感的理解が欠かせません。

ノリカさんは、どうやら自分の話ばかりしてしまい、相手の話を聞いて共感したり理解したりすることを忘れがちのようです。相手に質問をすることが少なく、会話のバランスが崩れてしまっています。さらに、**デート中に自分が話していることで満足感を得てしまい、相手の気持ちを考えることができていませんでした**。現に、ノリカさん自身もうっすらそのことに気づいていて「今日のデートが楽しかったのは、単に自分がしゃべりたいことをしゃべっていたからかも。相手はしゃべっていただろうか？」と考え、帰り道に相手のことをどのぐらい知れたかチェックして自己反省する日々を送っています。

このような状況が続くと、相手は「この人は私に興味がないのだろうか」「話していても楽しくない」と思うでしょう。そして、再度のデートには繋がりにくくなります。

▼

ラク生き！解決策

相手の日常を状況描写しながら
前のめりで聞こう。

共感的理解を目指すには、まず、デート中に相手に質問をすることを意識しましょう。一般的には、誰だって自分のことを話して、それを丁寧に聞いてもらって、そうだよねと認めてもらえば、うれしくなって、さらに自分のことを話し続けたくなるものです。相当に意識しなければ、自分の話ばかりになりがちなのです。ここではそのかわりに、**相手の趣味や仕事、好きなことについて質問し、相手の話を聞くことで会話のバランスを取ります**。また、相手の話を聞く際には、共感の態度と興味を示すことが重要です。

　さらに、デートの帰り道に**相手のことをどれだけ知れたかを自己反省し、次回のデートに活かす**ことが有効です。

　ノリカさんは、「どんな仕事をしているの？」や「休日はどう過ごしているの？」といった質問をすることで、相手のことをもっと知るようにしました。また、相手の話を聞く際には、「それは楽しいだろうなあ」と共感の言葉をかけ、「どんなふうな気持ちになるの？」と相手の気持ちをもっと知りたいという姿勢を見せ、前のめりに話を聞いていきました。それによって2回目のデートの約束をとりつけることができたのです。

　さらに、デートの帰り道に相手のことをどれだけ知れたかをふりかえると、自分の話を長くしてしまったせいで相手の出身地すら知らないままだったことに気づけました。次のデートでは相手に質問したいことをリストアップしておき、前のめりで尋ねて会話できました。最近は相手もニコニコしてくれて、たくさんデートできているようです。

> こんなお悩みにも使えるよ！　解決策の応用TIPs

なぜか友達関係が続かない人

▶ もしかすると相手は自分との時間が心地良くないのかもしれないと想像してみる。そして相手にもっと関心を向けて質問をしたり、相手の気持ちを理解しようとするだけでなく、相手が望んでいそうな言葉をかけてみよう。

「うるさい！」と話をしたがらない 反抗期の子どもへの 対応に悩んでいる人

▶ 自分が子どもと話す時にはいつも「ああしろ、こうしろ」とこちらの要求ばかりを話していなかったか内省し、まずは子どもの言い分がどんなに理不尽でも言い返さずに聞くことから始めてみよう。

部下に同じミスを起こさない 手立てを指導したいのに、 「すみませんでした！　次から気をつけます」 という反応ばかりで困っている人

▶ これまで自分が部下なりの仕事の仕方や仕事への価値観を偏見なく聞き出すことができていたかを振り返る。その上で、「頭ごなしに指導したりしないので、状況を教えてくれないかな？」と質問して丁寧に聞いていこう。

なぜ、僕には
親友がいないんだろう……。

> アユムさん（10代学生、テレビ局アルバイト）のぼやき
>
> 　自分にはこれといって特技も強みもないし、トークも冴えないので、**魅力的な人と親友になって、その人からいろいろ吸収したいんです。**
> 　素晴らしいインフルエンサーと繋がれば、その人からいいものを学べるはずですし、その人から広がる人脈も大事にしたいです。

なんで、こうなるの？

　一般的に人間関係は、アサーティブな関係ほど続くと言われています。**アサーティブな関係とは、相手と自分のどちらも尊重した、平等で率直な関係を指します。**どちらかが一方を搾取したり支配したりするような関係ではなく、自己犠牲の上で成り立つ関係でもない点が特徴です。そうした関係が続けば、親友にまで仲を深めていくことができる可能性は上がるでしょう。

　アユムさんは、友達関係において他人から得ることばかりを考えています。それは自分の魅力に自信がないから、吸収したいと思っているだけなのですが、**他人に求めてばかりで自分から何かを与えることが少ないのでは、相手と平等な関係とはい**

えません。

　アユムさんが希望するインフルエンサーが目の前に現れたとして、アユムさんは本当に対等な関係を築くことができるでしょうか？

　これでは、片方に負担がかかり、友人としてはいびつな関係ですし、双方にとって心地よいものではなく、続いていく可能性は低いでしょう。

　一方であまりにgive and takeの考えにばかりとらわれるのも、なんだか違う感じがします。こうした感情にとらわれすぎると「自分から与えてばかりで損したくない！」「自分が相手にしてやった分は返してほしい！」といった恩着せがましい関係になりがちということです。

　アユムさんには、目の前の人にもっと何か与えられることのある魅力的な人になってほしいですし、見返りを求めてgiveしようという動機ではなく、本当に相手を大切にしたいという思いで友達を作ってほしいものです。

ラク生き！解決策

親友を目指すなら対等な関係が必須。
まずは"与える"ことに
焦点を当てよう。

アユムさんには他者に対して与えたいという優しい気持ちを思い出してもらい、まずは見返りなく「与える」ことに注力しましょうとアドバイスしました。それが何よりの魅力につながるはずです。

アユムさんは周囲からどのような役割を求められているのでしょうか。

人からのニーズを客観視すると、自分が気づかなかった魅力を発見できるものです。それはたとえば「誰にも言えない話を打ち明けやすい気軽さ」かもしれないし、「特定の分野に詳しいカリスマ性」かもしれません。

こうしてまずは人に求められていることに応えることで一定の人間関係が築けます。

もちろん、そのニーズは相手によっても違うでしょう。本来、誰かから求められることほど幸せなことはありません。

相手からお返しがあるかないかではなく、ここのフェーズではひたすら「自分はこの世の中に何が与えられる人間なのだろうか？　貢献できることはなんだろうか」とシンプルに考えていきます。

次のステップとして、この関係を維持していくフェーズで、対等な関係を目指しても遅くはないでしょう。自分が与えた分だけ相手からお返しがくるとか、お互いに困ったときに力になり合うとか、自分が相手を気遣うのと同じぐらい相手も気遣ってくれるかどうかを見ながら、少し人間関係を絞っていってもいいでしょう。私たちの時間や体力や気力は有限なのです。

アユムさんは、友達から頼まれたことを笑顔でこなし、感謝されることで、他人との信頼関係を築くことができました。たとえば、友達にノートを借りたいと言われたときに、快く貸すことで相手にアユムさんの親切心が伝わりました。

　また、アユムさんは友達が困っているときに助けを申し出たり、話を聞いて共感することを心がけました。

　もちろん中には、アユムさんが尽くす立場にばかり立たされる不平等な関係が生じることもありましたが、同じように返してくれる仲間にも出会えました。

　こうした過程でアユムさんはこれまでの自分がいかに人間を上か下かで見ていたか、自分が他人から搾取ばかりしようとしてきたか、そしてそれが相手からは透けて見えるかということを実感しました。

　徐々にではありますが、アユムさんは平等な関係を築ける友達との付き合いが増えて、そうでない関係は自然にフェイドアウトしていきました。アユムさんは言います。

「まずは与えられる人間になることから始めないといけないんだな。与えて損をするとかそんなことを怖がっていたら何も始まらない」

　こうしてアユムさんは、前より友達付き合いに自信を持つことができました。親友ができる日も近そうです。

> こんなお悩みにも使えるよ！　解決策の応用TIPs

職場で友達がなかなかできないと感じている人

▶ 同僚が忙しそうにしているときに手伝いを申し出ることで信頼関係を築いたり、仕事がうまくいかなくてしょげている人に優しい声をかけたりして、役に立つところからスタートしてみる。

趣味のサークルで友達がなかなかできないと感じている人

▶ サークルの話し合いで不慣れなリーダーが司会進行しているときにさりげなく書記を手伝って信頼関係を築いたり、忘れ物をして困っている人に自分の道具を貸してあげたり、飲み会の時にグラスの空いた人に一声かけたりしてみよう。

入社したばかりで友達を作るのが苦手な人

▶ スマホの充電器を携帯して困っている人がいたら貸してあげたり、研修で近くの席になった人に声をかけて、「今度の研修って、どんな内容か知ってますか？」のように実は知っていることもわざと尋ねたりして、話すきっかけを作ってみる。

4

コミュニケーションがなんだかうまくいかない

5

「整理整頓」は永遠のテーマ

こんな「お悩み」で、今日もぼやいていませんか?

大事な書類は
必要なときに見つからない

▶ p.090

職場も家も自分の周りはいつも物があふれて散らかって、絶妙なバランスで積み上がっている。いつも何かを探している気がする。

パソコンの中がぐちゃぐちゃ
何のファイルかもわからない

▶ p.095

デスクトップは無数のアイコンで埋め尽くされ、ファイル名も自分で付けたはずなのに中身がわからない。パソコンを開くだけでイライラする!

かばんがいつも重くて
肩や背中が痛い

▶ p.100

だって、いざというときに持ってなかったら困るから、と思いつつ一度も使っていないものをたくさん持ち歩いている気がする。身軽に出勤したいのに。

5

「整理整頓」は永遠のテーマ

なぜ、いつも必要なときに
大事な書類が
見つからなくなるんだろう？

> ソラさん（20代、菓子メーカー広報）のぼやき

会社の自席の机周りがいつも散らかっていて、探し物ばかりしています。 いざ必要なときに、大切な書類が見つからず困るのは日常茶飯事。パソコンを開くスペースすらなく、椅子のアームレストの上に乗せて作業することもあります。

窮屈で肩も凝るし、机が汚いと仕事ができない人と思われそうです。

なんで、こうなるの？

雑多な刺激の中から、あるものに焦点づけることを「注意」と呼びます。この注意が上手に焦点化できると、探し物を見つけやすくなります。

反対に、探し物が苦手な人は、**関係のないたくさんのものの中から、ひとつの探しものに集中して探し出すという注意を向けて、コントロールする側面が弱い**のです。専門的には、注意の配分や持続性に問題があると言われています。

注意力に問題のあるソラさんもまた、机周りが散らかってい

るときに、多くの物が溢れる中から必要な書類を見つけるのに苦労しています。探し物をしながらも物が右から左に行ったり来たりするだけで、途中からは「こんなところに期限切れ間近のクーポンがあった！」などと脱線し、そのうち何を探しているのかも忘れてしまって、「あれ？　今何しているんだっけ？」とゴールを見失ってしまうのです。

　このようになってしまう原因は、ソラさんの注意力だけでなく、日頃から書類の整理ができていないことが挙げられます。ソラさんはどこに何があるのかを把握できていません。

　いつも書類を透明のクリアファイルに入れて次々に重ねて置いているため、どれが何の書類なのか区別がつきにくくなっているのです。 これが探し物をより困難にさせている要因です。

　探し物に時間を取られるたびに、心も乱れますし、アポイントに遅刻したり、仕事の効率も落ちてしまいます。

ラク生き！解決策

見えていないものはないのと同じ。
とにかく見える化！

　注意力が弱い場合、注意力の持続時間を伸ばす訓練が存在します。「注意持続訓練」というもので、ADHDの方の治療でも広く用いられています。

　しかし、これには、限界があります。もともと集中が得意な

5

「整理整頓」は永遠のテーマ

091

人には敵わないですし、これは目の前の作業に集中する時間を延長する訓練であって、劇的に探し物が減るわけではないからです。

それよりもこの場合にやってほしいことは、**「注意力が弱くても、物を見つけやすくする工夫」**です。

物を見つけやすくする工夫は、何より**「書類の見える化」**をすることです。ADHDの方の治療プログラムでも整理整頓が強調されるように、モノの管理は非常に大切です。通帳や印鑑、年金手帳、免許証、家の鍵などの生活必需品や、仕事で絶対に紛失してはいけない書類などを失くすことは、社会生活において信頼をなくしたり、手続きが遅れたりと、大きな犠牲を払うことになるからです。

ソラさんには、特に失くしてはいけないもの、直近で使う予定があるもの、誰かに頼まれて預かっているものなど重要度が高い書類は、色のついたファイルに入れたり、分厚いバインダーに挟んだりして目立たせ、自分の注意をひきつけやすくしました。たとえば、重要な書類は赤いファイルに、顧客関連の書類は青いファイルに整理するなど、色分けして管理します。

また、**机周りの整理整頓は、昼休み明けや1日の終わりに毎日定期的に行うことをおすすめします。**1週間や1カ月単位の整理整頓はおすすめしません。あまり溜め込まずに情報がフレッシュなうちにその都度断捨離するという方式の方が負担が軽いのです。こうすれば、パソコンを開く、印鑑を押すなどの業務に必要なスペースを机の上に確保することができるでしょう。

さらに、書類の保管場所にもこだわるといいでしょう。金属製の重さのしっかりしたファイル立てを複数購入し、色分けした書類を並べていきます。机の奥深くのファイルに挟み込むのではなく、パッと見てわかるようにしておくのがポイントです。

　ADHD傾向の強い人は記憶力が弱いことでも知られていますから、**視界に入らない＝存在を忘れてしまう**と考えておくといいでしょう。ですから、対策にはいわゆる「見せる収納」が向いています。もちろん使った後は必ず元の場所に戻す習慣をつけることも重要です。

　ソラさんはこれらを続けた結果、デスクが少しずつ片付き、ノートパソコンを机の上で使えるようになり、仕事の効率が向上し、ストレスも軽減されました。

> こんなお悩みにも使えるよ！　解決策の応用TIPs

クローゼットがパンパンなのに
着る服がない人

▶ クローゼットを開けて見える範囲の服以外のことを忘れてしまっている可能性。たとえば平日5日間分の服を厳選して組み合わせたら、クローゼットを開けてすぐに目に付く場所にかけておこう。

キッチンの引き出しの中に調理器具や
密閉容器などを詰め込みすぎて、
肝心なときに必要なものが取り出せない人

▶ フライ返しやおたまは、できる限り壁などにフックでぶら下げるなどして見せる収納にする。また、同じ用途のものは1種類にするなどアイテム数を減らすことで、なるべくものが重ならないようにして見つけやすくする。

かばんの中が荷物でパンパンで、
いざとなると必要なものが出てこない人

▶ かばんの中が暗いとものが見えにくいので、内側の布の色が明るいものを選んだり、目立つ色のバッグインバッグを使って探しやすくする。ポーチやジップ付きの袋で荷物を小分けする場合は透明かメッシュ素材で中身が一目でわかるものにする。

なぜ、パソコンの中がすぐにぐちゃぐちゃになっちゃうの？

ユウナさん（40代、家電量販店営業促進）のぼやき

パソコンのデスクトップが無数のアイコンでぐちゃぐちゃになっていて、必要なファイルが見つけにくくて困ります。

いつかはまとめて整理しようと思いつつ、どこから手を付ければいいのか、重い腰が上がらないんです。

そうこうしているうちに、また新しいファイルが増えていきます。

なんで、こうなるの？

仕事上のメールやダイレクトメール、会議で配布されるレジュメやコピーした資料などの書類といった日々入ってくるものの管理のシステムを作ることはADHDの治療プログラムでも、強調されています。**日々入ってくる物の処理をシステム化しておかなければ、あっという間に部屋もデスクもパソコンも溢れかえってしまう**からです。こうなると、必要な物がすぐに取り出せなくなり、日常の業務に支障が出ます。

ADHDの認知行動療法の考え方を用いれば、ユウナさんの悩みはファイル管理のシステム化で解決できそうです。

ユウナさんは、パソコンのデスクトップに新しく作ったファ

イルを放置することが多く、整理ができていません。また、ファイル名を適当に付けるので、後で見返すと内容がわからなくなります。さすがにデスクトップがいっぱいになり、思い立って一度にまとめて整理しようとすると時間がかかって面倒になり、また放置してしまいます。これでは、必要なファイルがなかなか見つからず、紛失することすら出てきそうです。

ラク生き！解決策

ファイルは鮮度が命！
まとまった作業ごとに
ファイルに整理しよう。

　一般的にタスクは溜めれば溜めるほど、処理を開始する際に必要なエネルギーは多くなります。面倒くさがりの人ほど、溜

め込まずに、日々入ってくるものに対してその都度処理をしていく方が省エネなのです。

　ですから、新しくファイルを作ったり、誰かから送られてきたら、パソコンのデスクトップに放置せず、その都度整理することが大切です。1日の終わりにまとめてファイル整理をしようとすると、忘れてしまったり面倒に感じたりするため、それでも実は遅すぎます。

　たとえば、**一つのまとまった作業が終わるごとにデスクトップ上のファイルのうち、必要なファイルは既存の適切なフォルダに移動したり、なければ、何の案件のものかわかるように、新しく案件用のフォルダを作って、その中にまとめて格納していきます。**

　また、ファイルの名前をわかりやすく付けることで、後で見返すときに何かわかるようにします。具体的には何が書かれているかが判別できるものがいいでしょう。また、ファイルのフォルダ分けも工夫します。案件ごとの大きなフォルダの中に、さらに、カテゴリや作業工程ごとのフォルダを作って整理することで、必要なファイルを見つけやすくします。

　ユウナさんもこの方法でファイル管理を行いました。その結果、パソコンのデスクトップがすっきり整理され、どこにどの資料があるかを、すぐに見つけて、さくさくと作業を進められるようになりました。

こんなお悩みにも使えるよ！　解決策の応用TIPs

写真データが
整理できない人

▶ 何年分か溜め込むと腰が重くなるので、旅行や運動会など一つの行事が終わるごとに写真データを整理しフォトアルバムを注文してみる。

プレゼン資料のパワポファイルを
何度も修正していくうちに、
最新のものがどれか
わからなくなってしまう人

▶ プレゼン資料のファイル名を、名称に加えて作成日も付け足す。また、何度か修正していく過程で最新のファイルには色でタグ付けし、わかりやすくしてみよう。

スマホの写真フォルダがパンパンで
写真を整理したいが
1000枚を超える写真に
気が遠くなっている人

▶ 1日の終わりに布団でスマホを触る時間に、不要なデータは消してから寝る。お気に入りの写真はクラウドにアップロードしておこう。

ウェブ会議システムの
録画データが溜まっていき
データ容量を圧迫している人

▶ 動画ファイルの名前がデフォルトのままでは日付しかわからず、毎度「何の録画だったかな？」と再生して確認して整理する必要があるため面倒になりがち。録画が終わったら、その都度内容がわかるような名前をつけていこう。

メールで届いた圧縮フォルダの
解凍前と解凍後が
混在しがちな人

▶ 圧縮ファイルを自分のフォルダに保存したら、すぐに解凍して、解凍前の圧縮フォルダを消去するルールを必ず守るようにする。忘れそうであればふせんなどに書いて、パソコンのふちに貼りつけておく。新たな圧縮フォルダの侵入に備えよう。

なぜ、かばんがいつも
重くなってしまうんだろう？

> シオリさん（30代、図書館司書）のぼやき

かばんの中に傘、スマホの充電器、充電コード、ワイヤレスイヤホン、水、のど飴、絆創膏など多くの物が入っていて、いつも重く肩も凝ってしまいます。**出先でなかったら困るかもしれないという不安があって持っているんだけれど、実際にはほとんど使わないものばかり。**

コンパクトなかばんで出勤やお出かけすることに憧れます。

なんで、こうなるの？

荷物の多い人の背景には、優先順位がつけられないことや、過去に忘れ物をしてひどい目に遭った経験による不安があると思われます。

シオリさんは、**必要なものと不必要なものの区別ができていないので、かばんの中にものを詰め込みすぎてしまい**、実際には使わないものも多く入れることになります。

しかし、その背景には、**学生時代に忘れ物をして叱られた経験があるのです**。それ以来、シオリさんは、いつもランドセルや学生かばんにすべての教科書を入れて登校しました。かなり

重かったのですが、そのおかげで忘れ物をせずに済んだのです。大人になった今でも「念のために」とあれもこれも持ち歩かないと不安なのです。重い荷物を毎日持っていると、肩も凝るし疲れます。シオリさんはもっとおしゃれでかわいい小さなバッグで出かけてみたいなと思っています。

▼

ラク生き！解決策

必要なものから優先順位をつけて荷物をコンパクトにしよう。

　まず、かばんに入れるものの優先順位をつけ、本当に必要なもの、いつも使うものだけを持ち歩くようにします。**かばんの中に入れたいもの（または、今現在かばんに毎日入れているもの）をリストアップし、必要なものから順に優先順位をつけます。**シオリさんにとっては、「どれも大事だしなあ」とこの作業が難しいようです。

　そこで、優先順位のヒントを示します。優先順位1位は、**「ないと絶対に困るもの」**です。たとえば鍵やお金などがそれに該当し、施錠せずに出かけるわけにもいかないし、お金がないと目的地まで行けないというように行動に支障を来してしまう必携アイテムです。交通系ICカードやスマホは最悪なくても、お金があればなんとかなります。しかし人との待ち合わせがある場合などはスマホもこの第1位に入るでしょう。現在服用中の薬も重要です。

優先順位2位は、「**あれば生理的欲求を満たすことができて窮地に陥らない、現地調達が難しいもの**」です。たとえば、かかりつけの病院で処方されている、それほど頻繁には起きない片頭痛やめまいなどの頓服薬などがここに含まれます。持っていると落ち着くお守りなども入ります。

優先順位3位は「**生理的欲求を満たすことができて窮地に陥らない、現地調達が場所によっては難しいもの**」です。たとえば暑さや寒さの調節のための上着、雨を凌ぐための傘、生理用品、水などがそうです。

いかがでしょうか？　こうして書き出してみると「まあ、なくてもやっていける」「困ったら現地で買える」「誰かに分けてもらえる」などといろんな対処があると気づけるでしょう。

こうした視点で見るといつも「絶対に化粧ポーチは必要」と思い込んでいたシオリさんですが、実際には通勤の移動中に化粧直しをすることなどほとんどなく、リップもパウダーも会社の昼休みにちょっと使うぐらいでした。使っていない物は家に置いておき、たとえば歯ブラシや筆記具、メイク直し道具など職場でしか使わないものは職場のロッカーなどに置いておくことで、かばんの中身が減らせます。

さらに、折りたたみ傘や充電器などは軽量でサイズの小さなものを選ぶと、もっとコンパクトになります。

これまでシオリさんは、「何か忘れ物があると大変ことになるかもしれない」と世の中全般に対して不安を抱きがちでしたが、持ち物に優先順位をつける作業を通して「忘れてもなんとかできる。私はもう大人になったんだから」と自分を信じることができました。シオリさんのかばんはずいぶん小さいもので足りるようになり、気持ちも軽くなりました。

> こんなお悩みにも使えるよ！　解決策の応用TIPs

たった1泊の旅行なのに
みんなが驚くほど
荷物が多すぎる人

▶ 旅行の荷物をリストアップし、現地調達が絶対に不可能なものから順に優先順位をつけて荷造りをする。また、旅行中の服装をなるべくかさばらないもの、着回しのきくものに変更していこう。

仲間とのバーベキューで
どっさり荷物を持ってきたのに、
自分が割り当てられたものを
忘れてくる人

▶ 食材や道具などを持ち寄ってバーベキューに出かける時には、優先順位第1位の持ち物の中に自分が割り当てられているものも入れておこう。

寝坊してあと10分で
家を出ないと仕事に遅刻する状況が
頻繁に起きる人

▶ 朝起きてから家を出るまでにいつもしていることのうち、絶対にしないと外に出られない順に優先順位をつけて、落ち着いてこなす。この場合は着替え、トイレ、持ち物の準備が最優先事項。

6

情報や文章や
音声が
頭に入って
こない

こんな「お悩み」で、今日もぼやいていませんか？

議事録が最後まで
取れなくなる

▶ p.106

　人が話しているのを記録するだけなんだから、難しいはずはないのにと思っては落ち込む。だけど一つ聞き取れないところがあると、先に進めなくなる。

毎日届く大量のメール。
処理が苦痛でたまらない

▶ p.110

　移動中にスマホで読んだメールの返信をし忘れたり、うっかり消去してしまったことも……。いつもパソコンの前に座っているわけじゃないし、そもそも多すぎる！

読んでいる文章が
頭に入ってこない

▶ p.115

　目で追っている文字が、ただの文字の羅列にしか見えなくて、文章として頭に入ってこない。確かに読んでいるし、寝不足でもないのに……。

6

情報や文章や音声が頭に入ってこない

なぜ、こんなに
議事録が苦手なの？
聞いたことを書くだけなのに……。

> **カズキさん（30代、製薬会社宣伝担当）のぼやき**
>
> 　会議の議事録を取るのが、とっても苦手です。会議の途中で、一度、聞き取れないところにぶつかると、そこに引っかかってしまい、気づいたときには議事が進んでいて置いていかれてしまいます。
>
> 　全体的に大雑把に把握する力が弱くて細部にこだわってしまう傾向があると自覚しているのですが、それにしても、こんなに議事録を取るのに苦労するなんて、と議事録当番のたびに落ち込みます。

なんで、こうなるの？

　カズキさんは、**発言の細部を聞き取ることにこだわりすぎるため、議事録を取る際に全体の流れを把握することが難しい**ようです。また、**完璧主義**ゆえに「すべてを完璧に聴かなければならない」と思っていて、聞き取れない部分があると、それに引っかかって立ち止まってしまい、その間に進んでしまった議事についていけなくなります。

　聞き逃さないために会議全体を録音もしているのですが、後からその音声データを聞き返すのは、正直ものすごく時間をと

られるしうんざりします。そのため、議事録作成はついつい先延ばしになってしまい、休みの日にも、もやもやした気持ちになります。

　実は、カズキさんの完璧主義の背景には、**過去に議事録や報告書作成をしたときに生じた似たような失敗の記憶からくる苦手意識や自分の能力への自信のなさ**があります。これまでもこうした「要約」が苦手で時間がかかっていたのです。ふりかえってみるとカズキさんはずっと国語の問題を解くのが苦手でした。それゆえに会議全体の目的や流れのような全体像を把握することがそもそも難しいようです。
　このような状況が繰り返されると、毎回の会議の議事録作成に膨大な時間がとられることが重なり、他の仕事をする時間がどんどん奪われていってしまいます。

▼

ラク生き！解決策

細部がこぼれることを恐れず
その場で要約しながら
メモしてみよう。

　まず、完璧主義を少し緩めてみましょう。このように考えてください。
　もし細部を聞き逃した議事録を作成してしまったとしても、少なくともクビにはならないのではないでしょうか。せいぜい

周囲から「ここはちょっと違うんじゃない？」と小さなミスを指摘されるぐらいではないでしょうか。

　もしかしたら発言の細部なんて、誰も気にしていないかもしれません。このように**現実的にあり得そうな結果を具体的にイメージすると不安は軽減される**ことが多いでしょう。

　次に、**会議の全体像を把握するために、重要なポイントを念頭に置きましょう**。たとえば、会議の目的や主要な決定事項を事前に確認し、そのポイントに集中して議事録を取ります。また、細部にこだわらず、全体の流れを捉えることを優先します。聞き取れない部分があった場合は、その場での確認を諦め、レコーダーで録音したものを後で確認することもできるでしょう。

　しかし、なるべく録音に頼らず、「だいたいこんなことを言おうとしているんだな」「あの人はそれに対して、反対の意見なのだな」など**その場の話の展開に注目しておく方が、うまく要点がつかめます**。

　カズキさんは、事前に会議の目的とその日に決めるべき主要事項を確認し、枝葉の部分に気を取られずに重要なポイントに集中して議事録を取るようにしました。

　自分にはよくわからない流れになっているときには、会議の直後に同席者に「さきほどの流れってこういうことでしょうか？　それともこういうことですか？」と口頭で素早く確認しました。

　こうして、カズキさんは正確さに囚われすぎず、曖昧さを許容することで、会議の全体像を把握しやすくなり、議事録を取るストレスが軽減されました。

> こんなお悩みにも使えるよ！　解決策の応用TIPs

授業を聞き漏らさないように
必死でノート取っているのに、
内容があまり頭に残っていない学生

▶ 聞いたことをそのままノートに取っていくのではなく、その日の授業の要点を、先生の話の区切り目などのたびに整理しながら、先生の言葉そのものでなくてもいいので自分なりの理解でまとめて書く。

研修後、その内容を
所属部署内に伝達する必要があり、
聞き逃すまいと必死でメモを取ったものの、
要点が整理できず報告書が書けない人

▶ 研修内容を先に確認しておいて、自分の所属先で特に活用できそうな点にあらかじめ焦点づけをしながらメモを取っていく。

新しい仕事を教えてもらう際に、
一言一句聞きもらすまいとメモしすぎて、
読み返してもわけがわからない人

▶ 仕事の手順に焦点を当てて、まずはそれだけをメモすることを心がける。各手順における注意点などは、メモ帳（ノート）の右側にスペースを作るなどして、書く場所を分けておくと後から見やすい。

6

情報や文章や音声が頭に入ってこない

なぜ、毎日メールを読んだり返信したりしなければいけないの？ハッキリ言って苦痛！

> **ヒロミさん（50代、通信会社管理職）のぼやき**
>
> 　毎日100件を超えるメールの処理をしなければならなくて、苦痛です。
>
> 　私がマネジメントを担当している社員は50人。なので、日中に外勤が入ったりしてしばらくメールを確認できなかった日は、夕方にメールアプリを開くと大量の未開封メールが溜まっていて、圧倒されてしまいます。
>
> 　最近ではあまりに忙しいので、**開封したはずなのに、そこに書かれていた仕事の締め切りをメモし損ねて失念する**ことがありました。
>
> 　他にも、**返信したつもりになっていただけで、いつのまにかゴミ箱に移動させていた**なんてことも……。

なんで、こうなるの？

　カウンセリングでは、すでに習慣化した行動パターンを見直していくことがあります。**自分の行動パターンに気づくのはとても難しいので、最初のプロセスでは、毎日繰り返し、無意識に行っている行動について、一旦紙に書き出したり、回数や時**

間を測ったりして、**客観視する**ことから始めます。

たとえば、ついつい足を組んでしまう癖をやめたい場合、意識的に1日何回足を組むのか、どんな場面で組む傾向があるのかを記録することで、なんらかのパターンを見出そうとするのです。これが行動修正の第一歩です。

同じように、ヒロミさんのメール処理についても、最近はミスが生じていますから、一旦客観視して、どんなパターンがありそうか、どの工程でミスをしていそうかの分析が必要です。その上で、ミスの生じにくいメール処理のルールを設定するといいでしょう。

▼

ラク生き！解決策

メール処理の手順を書き出し、
ルールを決めよう。

まず、ヒロミさん本人に現在のメール処理の実情を自分で観察し、客観視してもらいました。

ヒロミさんはバスや電車の移動中にスマホから会社用のメールチェックをすることが多くありました。ちょっとした隙間時間にチェックするので、すぐに返信できるような内容のメールでも、電車を降りるタイミングや歩きながらのときなどは**「見るだけで、返信はまた後で」**ということが多く、**「既読」状態のまましばらく置かれます。実はこれが落とし穴でした。**

再び今度はパソコンからメールチェックするときに、先ほど隙間時間で一度読んだメールをまた読み直して返事を書くという無駄な手間をかけていることに気づきました。

　また、返信まで少し時間のかかるメールについては、「後でやろう」と思っているうちに、大量のメールに埋もれていき、忘れてしまうというパターンがあることもわかりました。

　次に決めたのは、メール処理のルールです。ヒロミさんは、**5分以上の時間がないときにはあえてメールチェックをしない**ことにしました。また、**3分以内で返信できるものはすぐに返信する**ようにしました。

　さらに、返信するまでに複雑な作業が必要で時間がかかりそうなメールにはフラグをつけて、スケジュール帳に「やることリスト」として記入して忘れないようにしました。この結果、メール処理のミスが軽減されたのです。

こんなお悩みにも使えるよ！　解決策の応用TIPs

ＳＮＳ、メール、社内チャットなど
複数のツールでやりとりしていると、
チェックや返信状況がとっちらかる人

▶ メールにルールを決めておくことがおすすめ。3分以内に返信完了できるメールは読んだらすぐに返信し、3分以上かかるタスクはフラグマークをつけて（特に重要なものは「やることリスト」に記入して）後で処理する。特に移動中などの場合には中途半端に既読にせず、5分以上の時間を確保できるときのみチェックするようにする。

毎日大量の書類が
デスクに積まれていて、
優先して処理すべき書類が
わからなくなる人

▶ どんなタスクがいくつあるのか全体像を把握しておくことがミスを防ぐために必須。やみくもに取り組むよりも、先の見通しがもてるため、やる気も継続しやすい。そのため、それぞれの仕事に着手する前に必ず「やることリスト」を作成する。ひとつ終えるごとに、チェックマークをつけて管理することで漏れがなくなるはず。

6

情報や文章や音声が頭に入ってこない

家事が多すぎて、
何から手をつけていいかわからず、
圧倒されてしまう人

▶ 家事を3分以内に完了できるものと、3分以上かかるものに分けて、すぐに完了できる家事から手をつけていけば、徐々にエンジンをかけることができる。

移動中のすきま時間に
チェックしたチャットやメール。
すぐ返信できないと、ほぼ忘れる人

▶ 返信のための時間を取ることができる時刻にアラームを設定しておくか、「リマインくん」というLINEアプリを使って自分にリマインドする。

なぜ、文章の内容が
全然頭に入ってこないんだろう？
ただ文字を追っているだけ……。

ノリさん（20代、証券会社事務職）のぼやき

仕事上のメールで特に長めの文章のものを読んでいると、**目で文字を追ってはいるんですが、意味のある文章として頭に入ってこない感じがあります。**

先日も全社員宛てに届いたメールに、ある期日までに必要な提出物について書かれていたのですが、内容を読んだにもかかわらず全く把握できていなくて、自分だけ未提出になってしまいました。

業務上読むべき資料やレジュメ、新聞なども頭に入ってこず、悩んでいます。

なんで、こうなるの？

人によって、得意な情報入力の感覚器があります。これは認知スタイルという情報処理のひとつのあり方です。視覚型（情報を目から受け取るのが得意）、**聴覚型**（情報を耳から受け取るのが得意）**の他には、体得型**（実際に体を動かして学ぶのが得意）**があります。**

視覚型は、初めて触る家電なども説明書を読み込んだり、図示されているものがあれば理解しやすいタイプです。メールや

文書といった形で情報を届けるとうまく入ります。

　聴覚型は、家電の使い方を誰かに教わりながら習得していったり、セミナーに参加して学び合ったりするなど、一人で本を読むよりは誰かと教え合うほうが情報が入りやすいです。

　体得型は、初めての家電も実際にあれこれ触ってみて、使い方を学んでいったり、そばでお手本を見ていて真似して学んだりするのが得意です。このように、認知スタイルによって、仕事の覚え方や情報伝達の仕方に大きな違いがあるのです。

　ノリさんは、聴覚型のようです。視覚情報を処理する能力が弱いため、メールなどの文章を読んでもその意味を理解するのに時間がかかります。また、内容が複雑な場合、視覚情報だけでは理解が難しく、内容が頭に入ってこないことがあります。

　反対に、ノリさんは、誰かに口頭で教えてもらったことはよく覚えているし、雑談にすぐに加わっていけるので、聴覚情報を処理することには長けているようです。

　自分はどれが得意な認知スタイルなのかを認識して、情報の入力の方法を見直してみましょう。

ラク生き！解決策

自分の認知スタイルを知って、得意な方法でインプット！

まず自分の得意な認知スタイルを自己認識することが大切です。

これまでに**新しい知識を入れるときに、あなたはどのような習得方法を試してきたでしょうか?** 思い出してみましょう。それが参考になります。

たとえば学生時代の試験勉強はどのようにしていましたか? 一人で教科書を読み込むスタイルが合っていたのならば視覚型かもしれませんし、わからないところを友達と教え合っていたのなら聴覚型かもしれません。まずは問題集を解くほうが合っていたという場合には体得型かもしれません。

また、アルバイトや仕事で、**新しいやり方を覚えるときはどうでしたか?** 仕事を教えてくれる人がマニュアルを示してくれた方がわかりやすかった場合は視覚型でしょうし、口頭指示が入りやすければ聴覚型、手本を見せてもらって実際にやってみながら習得していったのなら体得型かもしれません。

次にその認知スタイルに応じた情報入力の方法を考えましょう。

ノリさんのような**聴覚型の人は、メールの内容を理解するために、周囲の同僚と口頭で確認する習慣をつけましょう**。たとえば、重要なメールを受け取った際には、同僚に「このメールの内容って、つまりこういうことだよね?」と確認することで、視覚情報だけでなく聴覚情報も活用して理解を深めます。

また、メールを読む際には他の作業を中断し、集中して読むことで、内容が頭に入りやすくなります。

さらに、メールの内容を箇条書きにしてメモを取ることで、

6

情報や文章や音声が頭に入ってこない

重要なポイントを整理しやすくなります。これは、資料や本、新聞などを読む場合にも有効です。きれいに書く必要はないので、頭の整理のためと割り切って、このことに時間をかけすぎないことも大事です。これらを実行した結果、ノリさんは重要な情報を見逃すことも減りました。

　繰り返しになりますが、視覚型の人は、口頭指示よりはメールやメモ、文書のような目から入る情報入力の方法を採用しましょう。電話を受けながらメモをとったり、講義を受けながら理解したことをノートにまとめるとうまくいきます。

　体得型の人は、実際に手を動かしながら仕事を覚えたり、つまずいたらその都度尋ねていくほうが向いています。体験してから本を読んだり、教わったりするほうがピンと来るのです。
　自分が得意とする認知スタイルを意識して発揮させて使うようにすることで、目の前の情報が格段に受け取りやすくなるはずです。

こんなお悩みにも使えるよ！　解決策の応用TIPs

口頭で指示を出しても
うまく理解されない人

▶ 指示を受ける人が視覚型である場合、指示する側が伝えたいポイントを箇条書きにしたメモを手渡してから説明する、もしくは図示したりメールで伝えたりする。

仕事に関連する資料を
一人で読んでも
内容が頭に入らない人

▶ 聴覚型の人の場合、同僚とその資料について「あれってどんな概要だったのかな」などと話し合い、内容について確認しよう。

新しく買った家電を
早く使い始めたいけれど
説明書を読むのがおっくうな人

▶ 体得型の人なら、とりあえず電源ボタンを探し出して押すなどして触りながら試してみる。聴覚型の人なら、家電の型番をネットで検索して、まずはメーカーのウェブサイトを開いてみたり、実際使っている人がＳＮＳで発信している使い方動画を探して視聴しよう。

7

人の立場も
仕事も
優先順位が
わからない

こんな「お悩み」で、今日もぼやいていませんか？

新しいプロジェクトが始まると
フリーズする

p.122

　前例がない、真似できるものがない、そんな仕事を任されると、何をどのように始めたらいいのか想像もつかない。上司にも質問できず放置してしまう。

臨機応変のつもりが
思い付きだと責められる

p.127

　その時々で最善の判断をしているのに、一緒に仕事をしている部下やチームのメンバーから「行き当たりばったり」「前と違う！」「思い付きでモノを言う」と不満続出。

人のためにがんばっても
全く報われない

p.131

　自分の担当業務だけでなく、手が空いていたら他の人の仕事も頼まれなくても手伝っているのに、感謝もされないし、「余計なことはしないで」と言われてしまう。

誰を立てたらいいかわからない

p.136

　誰からの頼みや連絡を優先したらいいのか。誰に一番気を遣うべきなのか。
　自分の判断が、いつも間違っている気がする。

7

人の立場も仕事も優先順位がわからない

なぜ、新規プロジェクトが始まると、いつもフリーズしてしまうんだろう？

> コジロウさん（20代、自動車販売店販売員）のぼやき

僕が勤める会社は今年、周辺の住民の方々への感謝を込めて、夏祭りイベントを開催することになり、僕はそのリーダーに抜擢されました。

ただ、会社としても全く初の試みで、現時点では実施するということだけしか決まっておらず、僕に丸投げなんです。

どんな企画をしていいものかよくわからないし、**何から手をつけていいかもわかりません。上司に質問や相談をしたくても、いつも忙しそうにしているので声をかけられないまま、どんどん先延ばしにしてしまっています。**

とはいえ、開催日は迫ってくるので、休日も焦りで冷や汗が出たり、もやもやしています。

なんで、こうなるの？

これまでに前例のないプロジェクトを1から作り上げることは誰にとっても骨の折れることです。なぜなら、その**プロジェクトの「完成予想図」（ゴール）とそこに至るまでの「やること**

リスト」（手段）が**不明確だから**です。

　両者が不明確ということは、そのプロジェクトの所要時間が読めず、いつから準備を始めれば間に合うかがわかりませんし、その準備の内容としても何が必要かわかりません。このような未確定要素の多すぎるタスクを実行しようとすると、大きなストレスとなります。

　コジロウさんが休みの日にも「あの夏祭りの準備、間に合うかな」と不安になってしまうのは当然のことでしょう。

　コジロウさんは、**もともとゼロから何かを作り上げるのは苦手なタイプなので、なおさらつらかったようです。**夏祭りイベントの進め方がわからず、何を優先すべきかが不明確です。また、上司に質問するタイミングがつかめず、かといって一人で勝手に判断するのも厳しいと感じています。さらに、イベントの全体像が見えないため、どこから手をつけるべきかがわからず、動き出すことができません。

　夏祭りと一言で言っても、出店をするのか？　出すとすれば店員は社員がやるのか？　業者にお願いするのか？　参加する住民は有料なのか？　地域住民に向けたチャリティーイベントに近いものなのか？など全く何も決まっていないのです。このままでは準備が一切進まないまま、夏が終わってしまいそうな気がしてきます。

> **ラク生き！解決策**

完成予想図とやることリストの
確認を急げ！

　新しいプロジェクトを任されたときには、何より完成予想図とやることリストの確認を急ぐことが大切です。これらが定まらなければ、所要時間も必要な人員も予算も何も決まらず動き出すことができないからです。

　そして、この確認のチャンスは、早ければ早いほどいいですが、**「仕事を受けた時点」が最適です。**上司としても変に間を置いてプロジェクトについて質問されるよりも、できればその場のその思考にあるときに尋ねてもらった方がラクだからです。

　仕事を受けた時点で、迅速に、上司に**「それは〇〇のような形式でしょうか？」「〇〇のようなイメージでしょうか？」**などと質問して**「完成予想図」を具体的に確認**するといいでしょう。次にその完成予想図に到達するための**「やることリスト」を作り、上司やメンバーに確認**するといいでしょう。

　コジロウさんは、夏祭りイベントについて、出遅れた感は否めませんでしたが、勇気を出して上司に質問してみました。「もっと早く相談すべきでしたが……夏祭りイベントは、どんな感じにすればいいんでしょう。出店はやりますか？　それと

も自社製品をアピールするようなイベントでしょうか？　お客様感謝祭みたいな感じでしょうか？　全く想像がつかなくって……」

　上司は夏祭りイベントの概要について、詳細に具体的なイメージを共有してくれました。コジロウさんは勝手に社員がたこ焼きやフランクフルトを焼いたり、金魚やヨーヨーを売ったりしているイベントを想像して、大掛かりな準備がいるぞと気が重くなっていたのですが、上司の説明では、もっと小規模で負担の少ないものでした。

「こんなことならもっと早く聞いておけばよかった」

　そして、すぐさま準備のためのやることリストを思い浮かべながら、上司にその場で確認しました。とはいえ、新しい試みですから、また途中で不明点はいくらでも出てきそうです。

「また２週間後ぐらいにお時間いただけますか？　ちょっと初めてなのでわからないことが出てきそうで」と上司とのミーティングも設定しました。これで上司の忙しさを気兼ねせずに済みます。

　このミーティングのときに進捗状況を報告して上司からアドバイスをもらうことで、夏祭りイベントの準備を滞りなく進めることができたのです。

こんなお悩みにも使えるよ！ 解決策の応用TIPs

取引先に初めて自社商品を
プレゼンすることになり、
どのように資料を作ろうか
戸惑っている人

▶ 先輩の別のプレゼン資料を見せてもらい、分量や展開、必要なデータなどの完成予想図を描いて、準備を進めよう。

遠方から学生時代の友達が訪ねてくる。
どんなおもてなしがいいか
全くわからない人

▶ 相手からはリクエストしにくいかもしれないので、「自然体験型がいい？　ショッピング系がいい？　文化遺産系がいい？　食べ歩きがいい？　ゆっくり室内がいい？」などとおおまかに尋ねながら完成予想図を描いていこう。

異動してきたばかりの新しい部署で
会議をどのように
進めたらいいかわからない人

▶ 直近3カ月分の会議の議事録（完成予想図）を見てみる。出席メンバーや議題のボリューム、方向性などの全体像をつかむことができるので、準備を進めやすい。

なぜ、「行き当たりばったりで困る！」 と不満が出るんだろう？ 臨機応変に判断しているのに……。

> ケイさん（40代、文具メーカー商品開発）のぼやき
>
> 　50名の部員がいる部署で部長を務めているので、毎日会議ばかりで常に多忙です。部下たちがそれぞれに進めている案件は非常にたくさんあり、正直、すべてを完璧に把握できていません。
>
> 　ある日、部下から**「この間の会議では違う方針を指示されましたよ。毎回言うことが二転三転するから、振り回されてたまりません」**と言われました。
>
> 　その場のひらめきで最善の判断をしているつもりですが、**「思い付きで仕事を進めるタイプ」**と陰口を言われています。
>
> 　私は、部下に迷惑をかけているんでしょうか。

なんで、こうなるの？

　ケイさんは、多忙を理由にしてはいますが、実際のところ**計画を立てるスキルが不足しているため、実行機能のプロセスである「計画立て」がうまくできていません**。もっと正確に言えば、計画は立てておらず、思い付きで指示を出してしまいます。

　さらには、ケイさんは**もともと忘れっぽいところがあるため、**

前に出した指示内容を覚えておらず、方針が二転三転し、部下が振り回されてしまいます。

この計画性のなさと忘れっぽさの二つが重なって、いつも行き当たりばったりの判断と気分によって左右される無責任な返答が部下たちを混乱させていたのです。

ちなみにこれらの特徴はADHDの方に多く見られます。よくいえば、型破りで自由な発想の持ち主ですが、チームで仕事をする場合や長期的な計画が必要な仕事においては弱点になってしまいます。

▼

ラク生き！解決策

計画立ての時間を確保し、
忘れないよう視覚化して
手元におこう。

計画もなくその場の思い付きで仕事を進め、さらには次々に忘れてしまう人には、**「計画立ての時間を確保して、計画を持っておくこと」と「その計画を忘れないように計画表のような形で視覚化して手元においておくこと」**をおすすめします。

まず、思いつくまま衝動的に仕事を進めていくのではなく、計画を立てる時間を確保し、それぞれの案件に合わせて数カ月から数年の計画を立てるようにします。

もちろんここにはチーム内の意見を反映します。これでチームの全員が「だいたいこの時期にこれをするんだな」と見通し

を持つことができます。見通しが立つと、不安は軽減していき、メンバーは効率よく働けるようになります。

また忘れっぽさを補うため、この計画書はプリントアウトしてスケジュール帳に貼るなどして、常にすぐに確認できるように視覚化された状態にします。そして、ミーティングの冒頭5分間に前回のミーティングのレビュー時間を設け、チーム全体で記憶違いがないか確かめ合うことも有効です。

ケイさんは、プロジェクトの目標や期限、担当者ごとのやるべきことを明確にし、それに基づいて計画を立てました。ついつい「そんなにかっちりした計画を立てなくていいじゃない。やりながらおいおい考えていこう」と言いたくなるケイさんでしたが、チームメンバーは「私は次の会議までに担当先から意見を聴取してくればいいんだな」などとやることが明確になり、これまでのように突然ケイさんに仕事を増やされるなどの突発的なタスクがなくなってホッとしました。

また、ケイさんが手元の計画表を見たり、前回のミーティングのレビューをするようになってからは、明らかに方針が二転三転することが減りました。ケイさんなりに、前回と矛盾するような指示はできないなと自戒できるようになったことと、計画書に沿って進行することを心がけるようになったことは大きな変化だったようです。

「正直今でも計画から脱線したいなあ、もっといいアイデアがあるのになと思い付いてしまうこともあるんです。でもチームにとっては急な変更や大きな方向転換はキツいということもわかりました。大人しくこの計画書どおりにいこうと思っています」とケイさん。やっと冷静な管理職になれたようです。

> こんなお悩みにも使えるよ！　解決策の応用TIPs

職場で年末大掃除を始めて、
気になったところを自由にやっていたら
メンバーから不満を言われて
戸惑っている人

▶ 大掃除を始める前に計画を立てる時間を確保し、どこをどこまでどのような方法で掃除するかメンバーで話し合い、合意の得られた範囲をある程度時間の割り振りも決めて作業するようにする。つい欲張りたくなっても「やっぱりここも掃除しようよ」と言うのはぐっとこらえる。

旅行先で思いつくままに行動し、
一緒に行った友達を疲れさせてしまう人

▶ 友達と合意できる活動時間や予算、好みなどの範囲を話し合いながら確認して旅行の計画を立てたうえで出かけるようにする。場合によっては別行動の時間を少し作るのも、案外うまくいく。

セールに出かけると、興味の赴くまま
いろんな店に立ち寄っているうちに、
一番狙っている店にたどりつく前に
すっかり疲れてしまう人

▶ 欲しいものリストを作り、優先順位やお店の位置情報も加味して計画立てよう。

なぜ、良かれと思って
自分の仕事以外もしているのに、
報われないの?

> ナオコさん（20代、レストランホール係）のぼやき

レストランのホールで、お客さまの案内や注文取り、料理の運搬、食器の片付けなど多岐にわたる業務を担当しています。

手が空いていれば他の人が担当している席の食器を下げたり、ゴミの処理をしたりと、**気づいたことは自分の仕事以外も進んでやって、がんばって働いています。**

それなのに、**同僚や上司からはお礼も言われないどころか、「余計なことはしないで」と叱られる**ことすらあります。

なんで、こうなるの?

物事や作業の優先順位、それに基づく順序・手順は個人や立場によって異なるものです。その可能性を知っておけば、ひとりよがりにわかった気にならず、相手の優先順位を確認しなければという意識を持つことができます。

ただ、**自分の優先順位の基準が絶対だと考えていたり、そもそも優先順位がわからないと、周囲と摩擦が起きます。**

ナオコさんの親切心から「よかれと思って」とった行動が、この**優先順位の考え方が違うせいで、同僚や上司にとっては「余計なお世話」と感じられてしまうことがたびたびあるようなのです。**

　また、ナオコさんの行動は、他人の仕事を奪うように見えることがあり、同僚や上司からの印象が悪くなっています。ナオコさんが持ち場を超えて働くことが、他のスタッフにとっては仕事の支障になってしまったり、自分なりの計画やルールが狂うと感じられることがあるようなのです。

　このような状況が続くと、ナオコさんはがんばっているわりに報われないことが増えていき、仕事に対する意欲が低くなったり、同僚や上司からも疎まれてしまうかもしれません。

▼

ラク生き！解決策

ひとりよがり注意報発令！
相手の優先順位を確かめよう。

　相手の優先順位は、察するだけではつかめないものです。ある程度**言葉にして確かめながらいくのが、安全でしょう。**

　ナオコさんは、思い切って、上司に聞いてみました。

「私なりにお役に立ちたくてがんばっているつもりなんですけど、なんかいまいちできていない感じがしています。実際、私の働き方って間違っていますか？」

上司は言いにくそうな表情でしたが、でもはっきり言いました。

「ナオコさんの人の役に立ちたい気持ちは痛いほど伝わってきているよ。でも、ホール担当は2名で、担当するテーブルは半分ずつ決まっている。その人なりに"次はこのテーブルの皿を下げよう""次はここの注文を取ろう"って計画があって動いていてね。あなたにやってもらって助かることもあるかもしれないけど、手伝ってもらっている間に、あなたの担当するテーブルにご案内すべき新規のお客さまが来たら、その案内に自分が回らないといけないこともあるよね。そうすると、自分の持ち場を離れずにちゃんと自分の仕事をしてよって思う人もいるみたい。自分なりの段取りが邪魔されているように感じるっていうのかな」

　ナオコさんは、思いもよらなかった話に正直、涙が出そうな思いでそれを聞いていましたが、やっとうまくいかない理由がわかりました。**人によっては、自分なりの段取りとペースで仕事をしているのを乱されるのが嫌な場合もあるということです。**

　また、自分なりには親切をしていたつもりが自分の持ち場もうまくできていないのに首を突っ込んでくるというありがた迷惑に感じられている点も確認できました。

　真実と向き合うのは誰しも怖いし避けたいものです。しかしナオコさんのように、**相手とのコミュニケーションを増やし、相手の優先順位と自分の行動がどのように受け取られているかを確認する**重要性がおわかりいただけたと思います。

　その後のナオコさんには、ちょっと変化が見られました。同僚の役に立ちたい気持ちは変わりませんが、自分と相手の境界線を意識して、そこを混在したり、乗り越えたりしないようにしたのです。その結果、同僚は少しずつナオコさんを信頼して笑顔を向けてくれるようになりました。

こんなお悩みにも使えるよ！　解決策の応用TIPs

がんばって仕上げた
プレゼンに対して
上司が評価してくれないと
感じている人

▶ 上司に評価のポイントを尋ねて、自分の重視していたポイントとのズレを埋めていこう。

誕生日に恋人を
喜ばせたい人

▶ 自分の基準で選んだひとりよがりなサプライズ企画ではなく、恋人の好みを尋ねて企画しよう。

卒業研究を進めているのに
なかなか先生が
認めてくれないと感じている人

▶ 自分の所属するゼミの卒業論文ではどのような基準が求められているのかを先生に率直に尋ねてみる。学生は高みを目指しがちな傾向があるものの、実は、学部生には複雑な研究よりも研究の基本型を学んでほしいと思っている先生が多い。

7

人の立場も仕事も優先順位がわからない

なぜ複数の人から同時に連絡や依頼があると優先順位がわからなくなるの？

> キズキさん（30代、電力会社勤務）のぼやき

今日、仕事中にほぼ同時に三つのお願いを受けました。部長から、「課長、時間があるとき、ゴルフのパターのコツをレッスンしてよ」と声をかけられ、後輩から、「私、ハラスメントを受けています。今日できれば話を聞いてくださいませんか」とメールをもらいました。

さらに妻からは、「夕飯は大好物のコロッケだよ。揚げたてを用意したいけど、何時ごろ帰って来られそう？」とLINEです。

いつも夕飯の支度も保育園のお迎えもしてもらって悪いので妻が最優先、次はおっかない部長に、今日は忙しいし後輩への返事は明日でもいいかな、と後回してしまったけど、これでよかったのか。よくよく考えたら、後輩に悪いことした……。

なんで、こうなるの？

咄嗟に誰を優先すべきかわからず、判断を誤ってしまう人に共通するのは、**「緊急性」の判断ができていない**ことに加えて、

「自分である必然性（代替可能性）」の判断ができていない点です。

「緊急性」とは、キズキさんの例でいけばゴルフ、ハラスメント、コロッケという事象がどれぐらい切迫しているかです。今日、明らかに切迫しているのはハラスメントでした。

「代替可能性」とは、自分がその問題を解決する他に代わりがないのかどうかです。ゴルフはいつ誰が教えてもよさそうです。ハラスメントに関しては、悩んでいる後輩がやっと求めた支援だとすれば、替えが効かなそうです。代わりの人が相談に乗るのはちょっと違いますね。また、家族そろって妻の揚げたてのコロッケを食べる役割は他ならぬキズキさんにしかできません。

　この2軸で判断すれば、後輩のハラスメント相談を最優先させるべきでした。妻もそうした事情なら話せばわかってくれるでしょう。しかしキズキさんは**「迅速には」この判断ができなかったのです。落ち着いてあとから考えればわかったのに！**
　おそらくここには**短期的な結果（メリット・デメリット）に飛びついてしまい、冷静に立ち止まって上記の判断を下すことができない**ことこそが真の問題なのです。

▼

> **ラク生き！解決策**
>
> ## 相手を気遣うのなら、
> ## いったん立ち止まって、
> ## 緊急性と代替可能性で判断！

冷静な判断を邪魔するのは、相手への気遣いから「速く決断しなければ！」という焦りです。

キズキさんも部長はおっかないので焦りましたし、家事や子育てのことで負担をかけすぎている妻が不機嫌になってしまうことでさらに焦りました。後輩を心配する気持ちももちろんあったため、三者の間で引き裂かれそうな思いでした。

しかし**こうした時こそ、一旦立ち止まってゆっくり思考するのです。ゆっくりした思考の中で初めて、緊急性や代替可能性を長期的な視点で見つめることができるのです。**

キズキさんには、反射的に判断するのではなく、一旦席を立って、自動販売機まで歩きながら考えてもらいました。

キズキ「一旦落ち着こう。そうだ、こういう時にこそ、コーヒーを飲んで」

缶コーヒーを飲みながら、こう考えました。

キズキ「一番緊急性が高いのはどれだろう。相手の顔色をうか

がって、それに振り回されるのではなくて、ゴルフ、ハラスメント、コロッケで考えるんだ」

　さらにもう一口、口に含みながら窓の外を眺めました。

キズキ「ゴルフを教えるのは誰でもできるけど、ハラスメントにあってる後輩の相談は指名された僕にしかできない。妻もかけがえのない存在だけど、コロッケは今日を逃してもまだ機会はある。ただ、仕事の替えはきいても、家族の替えはきかないもんな」

　少しずつ冷静になってきました。キズキさんは確信を持つことができました。

　妻には電話して事情を話すと、「コロッケは別の日にするから、後輩の相談にのってあげて」と励ましてくれました。後輩には「今夜飲みにいこう」とメールできました。部長には「ぜひゴルフをご一緒しましょう」と言って前のめりな態度を示しつつ、少し先の日程候補をいくつか提案してみました。
　こうしてキズキさんは悔いのない優先順位をつけることができたのです。

　後日談ですが、今回キズキさんにハラスメントの相談をお願いしてきた後輩は、もしキズキさんに断られたら、仕事を辞めて実家に帰ろうと思っていたそうです。
　キズキさんは優先順位を間違えなくてよかったと心底思いました。

こんなお悩みにも使えるよ！　解決策の応用TIPs

車の運転中、対向車に道を譲ってもらうと慌ててしまい、注意散漫になる人

▶ サンキュー事故は共感性の高さが招く。ここは一旦落ち着いて、感謝の気持ちを冷静に表そう。

病気で長期間仕事を休んでしまい、同僚への申し訳なさから休み明けに無理しがちな人

▶ 無理をしてまた体調を壊してしまっては、さらに負担をかけてしまうかもしれないと考える。今できること、もう少し回復したらできることをそれぞれ具体的に考えて、体調と相談しながら少しずつ通常業務に戻していこう。

金曜日に企画書がほぼ完成したが、上司はものすごく細かいタイプ。週末に母の顔を見に実家に帰る予定だけど、あきらめて企画書を手直しすべきかと悩む人

▶ 上司に細かいところを突っ込まれる場面を想像して身がすくむ気持ちもわかるが、一旦立ち止まって、緊急性や人生で大切なもの、替えの効かないものは何かを自問自答してみよう。

8

融通がきかない、手の抜き方がわからない

こんな「お悩み」で、今日もぼやいていませんか?

「急ぎでパパッと」と言われても、省略の仕方がわからない

▶ p.143

　急ぎだから短時間で仕上げてほしいと言われても、通常、数時間から数日はかかる仕事。雑にやったら叱られそうだし、端折っていい部分を指示してほしい。

驚異の集中力でやっているのになぜか仕事が遅い

▶ p.147

　任された仕事は丁寧に、よりいいものを追求したくなり、気づくとものすごく時間が経っている。出来が遅く、結局仕上りも評価されないのは日常茶飯事。

なぜ、「急ぎの仕事」と言われても、どう巻けばいいのかがわからないんだろう？

> ヒロシさん（20代、ファストフードチェーン企画担当）のぼやき

　会議が始まる30分前のことです。上司から「会議で必要だから、20代の人たちの間で流行っている清涼飲料水について調べておいて」と言われたんです。

　そこで、まず「清涼飲料水の定義」をネットで調べるところから始めたのですが、「流行っている」の基準は購入額か購入数かどっち？　新商品が次々出ているけど調べる期間は過去1年ぐらいでいいのかな？　学生と社会人は分けるんだろうか？など疑問が次々出てきてしまって。

　結局、会議では正直に「まだ調べている途中です」としか言えず、上司はがっかり。そもそもこれって30分で調べられることなんでしょうか。**手抜きしてもいいなら、どう巻けばいいのか指示してほしいです。**

なんで、こうなるの？

時間制限のタイトなタスクほど、相手が特にどの点を重視してやってほしいか（ニーズ）を素早く把握して実行することが必要です。

ヒロシさんは相手のニーズを把握するのが苦手なため、30分間という限られた時間内で上司の期待に応えることができませんでした。ニーズが見えないと、何を省略して、どんな点をおさえるべきかわからないので、急ごうにも急げないのです。

また、ネットでの情報収集も先に何をどのように調べるかを決めないまま、試行錯誤しながら調べているので、効率的ではありません。

思考のタイプには拡散型と収束型があるのですが、**ヒロシさんは拡散型なので、興味の赴くままにネットを検索してしまい、脱線してしまいがちなのです。**

こうしたことが積み重なっていくと、上司から「急ぎの仕事が任せられない人」や「なかなか自分のしてほしいことを汲み取ってくれない人」という評価を受けてしまうかもしれません。

ラク生き！解決策

相手のニーズを
早めに確認するとラク！

まず、仕事を依頼された際には、依頼内容の全体像を把握し、相手のニーズを確認することが重要です。たとえば、上司から依頼された際に、「具体的にどの情報が必要ですか？」や「どのような形式で報告するのがよいですか？」など、具体的な質問をして相手が期待していることを明確にします。

また、**情報収集の際には、先にどの情報源を当たるか、どのようなキーワードで検索するかなどをしっかり定めてから始めることが大切です**。ふわっしたまま検索をスタートさせれば、ネットの海に溺れてしまいかねません。

　ヒロシさんの場合、上司から依頼されたその場ですぐにニーズを確認するとよいでしょう。たとえば、

- 「清涼飲料水って、たとえばどんなものをイメージされていますか？」
- 「具体的な商品名か、種類を教えていただけませんか？」
- 「ざっくりしたアンケート調査から官公庁が出しているデータまでありますが、どのようなものがいいでしょうか？」
- 「どんなデータを、何年分ぐらい用意するといいですか？」
- 「20代とは社会人ですか？　性別は無視していいですか？」
- 「グラフを作る必要がありますか？　人気ランキングなどで大丈夫ですか？」

など詳細に聞いておきます。矢継ぎ早に質問攻めしているように見えて、相手の求めていることが明らかになるだけでなく、仕事への情熱をアピールもできるよい方法です。

　また、ヒロシさんのような**思考が拡散しがちな人は、ゴールを常に意識して収束する方向に自分を持っていくようにします**。具体的には、メモに「〇〇庁が出しているデータベースから」「清涼飲料水、売上、20代というキーワードで」などと箇条書きにして、脱線しないようにガイドします。頭の中だけで意識するよりもこうして視覚化することで驚くほど脱線が防げます。

> こんなお悩みにも使えるよ！　解決策の応用TIPs

先輩の代わりにプレゼンするよう 前日に言われて ピンチでしかない人

▶ 完全なプレゼンは無理なので、プレゼン資料のうち絶対に落としてはいけない事項について二つか三つ周囲に教えてもらってそこに焦点づけて練習する。

他の客のレジ打ち中に、 急ぎの客から 駐車券の処理を求められると 焦ってしまう人

▶ 丁寧な言葉使いよりも、お釣りに間違いのないことや迅速さが求められる場面。相手のスピードに合わせて柔軟に対応する。

気の短い取引先に、 自社製品の良さを 伝えなければならないとき

▶ これまでのつきあいから相手のニーズを想像し、手短かに、かつ相手が求めているであろうことに添うように商品説明をする。自分の最も聞いてほしい特長を伝えるのは二の次にして、取引先の得になるような点をアピールすることを優先する。

なぜ、マジメにやっているのに仕事が遅くなるんだろう？

> **マリさん（30代、国家公務員）のぼやき**
>
> 　ある日の16時、上司から先日行ったアンケート調査の結果を翌朝の会議で報告するよう言われました。
> 　定時が17時なので、急いでローデータのままのアンケートをエクセルで集計、それをグラフにしているうちに、**きれいに作らなきゃ！と気合いが入り、いくつもグラフを作って試行錯誤しているうちに、気づけば22時。**
> 　これだけ努力したのに、上司からは「そんなにきっちりしなくてもよかったのに」と言われる始末……。

なんで、こうなるの？

　仕事をある程度覚えた後には、誰しも大なり小なり「自分流」の仕事のやり方になりがちです。それが魅力になる場合もありますが、中にはマリさんのように非効率的なやり方を繰り返して、仕事の遅さの原因になってしまう場合もあります。

　テクノロジーは日々進歩していますので、これまで私たちが膨大な時間をかけていた計算や処理、要約などはもっと効率化できる可能性があります。

　でも、私たちは自分の仕事の仕方に疑問を抱かないものです。

8

融通がきかない、手の抜き方がわからない

「これは当たり前だろう」と信じて別の選択肢など思い浮かばないものなのです。新人ならまだしも、**ある程度の年月を同じところで働けていると、「できている」「このやり方しかないでしょう」と思い込みがちですし、ましてや「他にもっと早いやり方はあるかな？」なんて誰にも相談しないでしょう。**

　マリさんもまた、効率的な方法を知らず、手間のかかる方法で作業を進めてしまいます。

　22歳で就職してもう10年以上がたちますから、今更誰かにエクセルの集計について尋ねることなどしません。さらに、もともとマリさんは人に頼りたくない自立心の旺盛な女性なので、同僚や先輩に助言を求めることが少ない傾向にありました。そのため、ますます効率的な方法を学ぶ機会がなかったのです。

▼

ラク生き！解決策

真似る・教わる・手伝ってもらう。
「他人を頼る」を
まず考えよう！

　一定時間内にタスクを終わらせるためには、タスクを実行する方法を慎重に選択することが大切です。

　同じ作業でも、締め切りまでに費やせる時間に応じて、方法を変更するといいでしょう。あるタスクについての実行方法がワンパターンで、目的や完成形が同じであれば、状況によって

変更するという発想がない人もいるものです。

　こうした人こそ、いつもよりよいやり方がないか探すために、

- **似たようなタスクの経験がなかったか？　それを応用できないか？**
- **締め切りを延ばす交渉はできないか？**
- **誰かに手伝ってもらえないか？**
- **これと似た仕事やっている他の人はどんなやり方をしているのかな？**

などと自分に問いかけ、視野を広げていくといいでしょう。

　マリさんは、同僚や先輩に「いつもグラフ作成ってどうやってます？」と助言を求めることで、効率的な方法を学びました。先輩からエクセルの関数を教わり、データを自動的に集計する方法を知りました。また、データをチャットGPTに入力し、自動的にグラフを生成する方法も教えてもらいました。

　早速試したところ、作業時間が大幅に短縮されて驚きました。

「今までの苦労ってなんだったんだろう。もっと早く教えてもらえばよかった。『集計面倒だー』とか『嫌だー』とか周りにSOSを出して教えてもらえばよかった。まず口に出してみるって大事だな。これまでなんでも自分で解決しようとしすぎてたな」とマリさん。

　短時間で高品質な成果を出すことができるようになり、上司からの評価も向上しました。

8

融通がきかない、手の抜き方がわからない

149

> こんなお悩みにも使えるよ！　解決策の応用TIPs

家計簿をつけるのが
苦痛でしょうがない人

▶ 自分と同じぐらいマメじゃない友達に金銭管理を
どうしているのか尋ねて、マメじゃなくても続く方
法を探りながら自分の方法を見直す。

いつもパワーポイント作成で
自己流マンネリな
デザインになってしまう人

▶ センスのいい同僚にパワーポイントのファイルを
もらってそれをテンプレートにして作ってみる。

こんなに熱心に指導しているのに
部下が言うことを聞かないと
嘆いている人

▶ 別の管理職の人たちにどのような指導をしている
のか体験談を聞いてみて、自分のやり方以外の方法
にも触れて視野を広げてみる。

9

ひとつのことに
集中して
いられない

こんな「お悩み」で、今日もぼやいていませんか?

仕事Aを始めたのに
BやCも気になって仕方ない

▶ p.153

　同時に複数のプロジェクトを抱えていると、あらゆる仕事の進捗が気になったり不安に襲われて、今取り組んでいる仕事に集中できない。

目の前の仕事にうんざりして
今しなくていいことをし始める

▶ p.158

　不得手なことや苦手な業務を急いでしなければならないときほど、自席の引き出しの整理や給湯室の掃除など、今すぐにしなくていい作業を始めてしまう。

一部分にこだわりすぎて
時間配分が崩れて終わらない

▶ p.162

　仕事の中で気になることを見つけると、その作業にずっと留まってとことんやってしまう。そのせいで、全体の仕事が期限までに終わらなくなる。

152

なぜ、一つの仕事をしている最中に、他の仕事のことが気になるの？どの仕事にも集中できない……。

ユイさん（30代、ウェブライター）のぼやき

私は仕事で常に複数のプロジェクトを抱えています。**最も締め切りの早いプロジェクトＡの業務に取り掛かっている最中にも、他のＢやＣが締め切りに間に合うか心配になり、集中できません。**

とりあえず、Ａのことで頭がいっぱいで、ＢやＣについては何をどのような計画で進めていくかはまだ決めていないんです。そんな余裕がなくて。

でもそのせいで実際できるのかどうか時折不安になり、本当に間に合うだろうか……と休日もソワソワしてしまい、ゆっくり休めません。

なんで、こうなるの？

　一般的に、不安は2種類に分けられます。現実的な不安と非現実的な不安です。

　後者の場合はいわゆる心配性と呼ばれるもので「考えすぎ」「心配しすぎ」といった、実際よりも本人が悲観的なイメージを将来に対して抱いていることから生じています。この不安は、過去に失敗体験の多い人では不安障害などの二次障害になって

いる場合があり、治療の対象になるでしょう。

しかし前者は「天気予報どおりに非常に勢力の強い台風が近づいてきたので、場合によっては避難を余儀なくされる」といった**起こりうる可能性の非常に高い将来に対する正常な感情**です。ユイさんの場合はこちらに該当します。

ですから、不安を軽減するような治療的アプローチではなく、避難の準備をするなどの現実的な対処が必要です。

具体的にいえば、ユイさんは、プロジェクトを三つも抱えながら、それらを締め切りまでに完了させる計画を立てていないことこそが問題であり、不安が生じてもおかしくない状況といえます。

それではなぜユイさんは計画を立てていないのでしょう。それは、プロジェクト三つを目の前にして「私には三つなんて手に負えない」「失敗しそう」と圧倒されていて、計画立ての着手を先延ばしにしたからです。ADHDを抱える人にはこのような不安からくる先延ばしがよく見られます。

▼

ラク生き！解決策

タスクは受けてから
すぐに
やることリストと計画を作成し、
安心を得よう！

ユイさんは、プロジェクトを同時に三つ抱え、一つを進行させながらも他の二つについて全く計画を立てられていないのです。これではちゃんと予定通りに遂行できるだろうかと不安になって当たり前です。

プロジェクトAに着手する前にすべてのプロジェクトについて具体的な計画を立てるべきでしょう。

　下の図をご覧ください。ユイさんは、まず、A、B、Cの各プロジェクトの「やることリスト」をメモパッド上に作成し、それぞれの締め切りや所要時間も書き加えました。次にガントチャート（工程管理表）で1カ月を見渡し、それぞれの締め切りを赤の縦線（図中では太い縦線）で入れることで、視覚的にどのプロジェクトが差し迫っているのかを把握しました。

プロジェクトごとのタスクの整理法

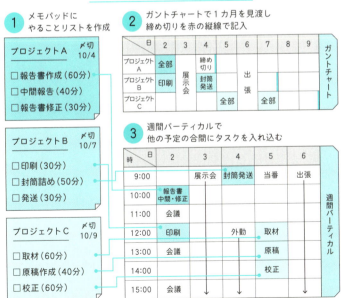

最後に週間バーティカルタイプの手帳に既存の予定（図中の
「展示会」「会議」「出張」など）を記入し、その隙間の空白時間にプ
ロジェクトの各タスクを埋め込んでいきました。

　これで、「いつかする」予定だったプロジェクトが「何月何
日何時から何時に実行する」という確実な予定としてスケジ
ューリングされたのです。

　この過程で、ユイさんは抱えているどんな小さなタスクも大
きなプロジェクトでも、すべてがこのスケジュール帳の順番通
りにやれば間に合うんだと不安を軽減することができました。
その結果、安心してプロジェクトを進めることができるように
なったのです。

こんなお悩みにも使えるよ！　解決策の応用TIPs

仕事の
ケアレスミスの
多い人

▶ 目の前のタスクに集中できない背景に、他の仕事への不安がある場合には、すべてのタスクを書き出し計画を立てることが先決。

部下のタスクの
進行状況が
把握できず
心配な人

▶ 課内でガントチャートを共有し、タスクの進行状況を可視化することで不安を減らしていこう。

クレジットカードを使いすぎて
大変なことになるのではと
不安に思いながらも
やめられない人

▶ この不安は非常に現実的に深刻な問題を伴う不安なので、なるべく早急にきちんと対処する。クレジットカードを来月までタイムロッキングコンテナに入れて使えないようしておく。さらに信用できる家族などに今後の対策を相談しよう。

9

ひとつのことに集中していられない

なぜ、目の前の仕事に
うんざりしちゃうんだろう。
今しなくていいことを
始めてしまいます。

> タツキさん（40代、総合建設会社営業）のぼやき

　取引先に言いにくいことを電話で伝えなければならない、複雑な企画書を作らねばならないといった気の重い仕事があると、ついつい**急ぎでないことにもっともらしい理由をつけてやりたくなってしまいます**。シュレッダーのゴミをまとめたり、不要なメールを削除して整理したり、給湯室に行ってカップの漂白を始めたり……。

　それで結局、本丸の仕事が進まず、したくないことをずっと抱えたままになってしまいます。

なんで、こうなるの？

　重要なタスクを避けるために、他のタスクにもっともらしい「今すぐしなければならない」理由をつけて時間を費やすことを、「課題のジャグリング」といいます。これはADHDの典型的な行動パターンで、一種の回避行動です。

　回避行動は、一時的には嫌な事態を避けることができますが、長い目で見ると自分をより窮地に追い込む、いわゆる「一時し

のぎ」にすぎません。

　唯一かつベストな解決策は逃げずに課題に向き合うことですが、それがなかなかできないのが現実です。

　タツキさんは、気の重い仕事を避けるために、他のことに手を出してしまいます。また、気の重い仕事に向き合うことができず、現実逃避を続けてしまうため、時間だけが過ぎていきます。このような状況が続くと、重要なタスクが進まず、仕事の評価が下がる可能性があります。

ラク生き！解決策

現実逃避はやめる！
本丸に取り組む不安を
取り除くところからはじめよう。

　本丸に向き合うためには、向き合う不安を軽減することが必要になります。

　この不安は、「こんな課題は自分にできそうにない！」「面倒くさすぎて手に追えない」「うまくいかずに誰かに叱られたりするのが怖い」というものです。タスクが強敵すぎるのです。

　タスクがもう少し早く終わるとか、なんとかできそうなものならいいのですが、今のところ、そうではないのです。

　ここで一番おすすめなのは、**気の進まないタスクを、小さな**

お手軽タスクの連続に分解することです。ゲームでもいきなりラスボス級の強敵と戦うより、すぐに倒せる敵である程度助走をつけてから戦うほうが準備できますよね。それと同じです。

　タツキさんの場合は、取引先に電話するというタスクを、①話す内容をメモに書き出すだけ（まだ電話はしなくていい）、②言いにくいことを切り出す前の前置きを考える、③必ず理由を聞かれるのでなんと答えるか考える……のように分解して手順を考えていきました。

　こうすることで、不安は軽減され、現実逃避せずにすみ、重要なタスクを進めることができるようになりました。

> こんなお悩みにも使えるよ！　解決策の応用TIPs

シュレッダーのゴミ捨てや
給湯室の湯呑みの漂白などに熱心で、
やってほしいタスクをしない部下がいて
困っている人

▶ 該当タスクを細分化し、すぐに完了できる小さな
タスクにして再度振り直す。もしくは着手しづらい
理由を聞いてみて、一緒に対処法を考えよう。

試験前に限って
日頃は見向きもしなかった
やりかけのジグソーパズルに
取り組み出す人

▶「本当にジグソーパズルがしたいのか？　はたし
て、試験が終わった後でもしたいと思うのか？」と
自問してみる。多くの場合、試験が終わればジグソー
パズルには見向きもしないはず。

分量の多い報告書作成がつらすぎて、
ついついSNSを見ることに
逃げがちな人

▶ ボリュームのある報告書作りも、目次、1章、2章
……と分解すれば、少しは不安が減るもの。他の資
料が参考にしたり、助言してくれる人を見つけるの
も手（頼れる手段を想像するだけでも、気持ちがマシになる）。

9

ひとつのことに集中していられない

なぜ、一部に
こだわりすぎてしまうんだろう。
いつも時間配分が悪くて
終わらなくなります。

> チナツさん（50代、精密機械メーカー総務）のぼやき

家も散らかり放題の私が、昨年末の職場の大掃除のリーダーに指名されてしまいました。腰が重かったのですが、**給湯室のシンクあたりからスイッチが入り、換気扇も冷蔵庫も掃除したくなってきたのです。**気づいたら爪楊枝まで使って細部を磨き上げていました。その日、社内全体を掃除するはずだったのに、気づくと16時を回っても、まだ終わる見込みがありません。定時の18時までに終わらせなければと焦りますが、途中でやめるにも中途半端で……。

その後の段取りに困っていたら、結局周りのみんなが助けてくれてなんとか終えられたのです。

「今年は挽回してよ！」と再びリーダーを拝命したのですが、どうすればうまくやりきれるか悩みます。

なんで、こうなるの？

チナツさんは、気になった一部の作業について細部にまでこだわりすぎてしまい、全体の進捗を気にせずにそこに集中して

しまいます。それゆえに、時間配分が悪くなり、計画通りに進めることができません。**実行機能のプロセスである「とりかかり」「計画立て」「進捗気にして」「脱線防止」のうち、「進捗気にして」がしっかりしていなくて、計画も時計も無視して細部にこだわってしまった**のが掃除の時間が長引いた原因でしょう。社員の多くはいつ終わるかわからない作業の連続に疲労の色が隠せません。

▼

ラク生き！解決策

全体の進捗を気にしながら
深追いしすぎずに進める！

まず、チームなど複数の人で一緒に作業するときは、**全体の進捗状況を把握し、最初に決めた計画通りに進められるように作業量や作業時間を調整していくことが重要**です。たとえば、大掃除の際には、エリアごとに作業にかける時間を設定し、各自が時計を見て進捗状況を確認しながら作業を進めます。また、細部にこだわりすぎず、重要な作業を優先することが大切です。こだわりが発動すると、確かに面白くなってやめられないものですが、これでは全体の計画が達成できませんので注意が必要です。

チナツさんの場合、「レンジ台」「冷蔵庫の中」「シンク」といった具合にエリアごとに時間を設定し、進捗状況を確認しながら作業を進めることで、全体の進捗を把握しやすくなりまし

た。「給湯室は12時までに仕上げるぞ」「トイレは全部で40分間だ」のような感じです。ひとつエリアが終わるごとにチョコレート休憩をはさみ、5つ終わると昼ごはんのうどんにトッピングを一つ追加できる！などのご褒美を設けました。

　また、シンクの水垢や巾木(はばき)のほこり、シンクのゴムパッキンのカビなども気になって仕方なく、もっと時間をかけたかったのですが、**「大雑把でも全体がきれいになることが大事！」「全然やらないよりは、マシ！」と自分に言い聞かせながら、こだわりすぎないよう作業を進めました。**その結果、全員でオフィスをピカピカにでき、17時には缶ビールが支給され、達成感に包まれて乾杯できたのです。

こんなお悩みにも使えるよ！　解決策の応用TIPs

細部に
こだわりすぎて
仕事が遅れる人

▶ 「このタスクの目的はなんだっけ？」と自分に問いかけながらこだわりの暴走を食い止め、「やることリスト」に沿って進めれば計画通りに行くはず。

部下に対して
つい口うるさく
マイクロマネジメ
ントしてしまう人

▶ 部下の仕事の細部にこだわりすぎず、「今回はこの一つが達成できればすべてよし」と優先するものを絞ってみる。

家電を一つ買うために
3カ月以上も情報収集して
へとへとになる人

▶ 1円でも安いものやポイントのたまるもの、より高性能のものなどとこだわりすぎて無限にネット検索してしまっている。「情報検索には最大1週間しかかけない」と決めてから始めよう。

9

ひとつのことに集中していられない

10

メモ・文章・メールなどアウトプットが苦手

こんな「お悩み」で、今日もぼやいていませんか？

話が長すぎる！　本題はいつ？ とツッコまれる

p.168

　一生懸命説明しているのに、途中で「話が長い！」と遮られることがよくある。びくびくして、余計に何を話しているのかわからなくなってしまう。

何度締め切りを伝えても 守ってくれない人がいる

p.172

　仕事の締め切りをたびたびリマインドしているのに、いつも守ってくれない人がいる。本人も理由がわからないようで解決法が見つからない。

文章を作るのが苦手で めちゃくちゃ疲れる

p.176

　人前で話すのは割と得意だけれど、文章で書くように言われると本当に苦痛……。メールの返信するのもつらくて、先延ばしになりがち。

アイデアを思いついて 企画書を作るのがつらすぎる

p.181

　０から１を作る仕事ができる人って、なぜそんなアイデアを思いつくのか不思議。企画を提案してと言われても、何から始めればいいか、どう考えるのか全然わからない。

10

メモ・文章・メールなどのアウトプットが苦手

なぜ、いつも説明が長すぎると言われるんだろう？

キヨシさん（30代、商社営業）のぼやき

　短気な上司から「**君は話が長い！**　長く話しているわりに何が言いたいのかわからないんだよ。話し方の本でも読んで学んだら？　結論から先に言うのが鉄則だぞ」などと言われてしまいます。

　最近では、話し始めてすぐに遮られたり、「手短にしてくれないか？」と言われることも多く、**上司の姿を見るだけで緊張してしまいます。**

　でも、確かに家族や友達からも、よく「前置きが長いね」「いつ本題になるんだろう」なんてツッコミを入れられることがあります。

なんで、こうなるの？

　ワーキングメモリの弱い人は、話しているうちに何を話そうとしているかわからなくなっていることがあります。ワーキングメモリとは、一時的に覚えている記憶力のことです。私たちが話をするときには、「これからこの話をして、次はこういう展開でいくぞ」という記憶を保持する力がガイドになっているのです。

　キヨシさんは、話しているうちに、これから何を話すのかが

わからなくなってしまうことが多いため、話が長くなっているようです。

　また、伝えたい内容が自分でも明確にならないまま話し出してしまい、そのため余計な情報を加えてしまって、話が冗長になることがあります。

　さらに、上司の前で緊張しやすく、**「ちゃんと伝わらないんじゃないか」という不安から、情報を付け足そうとして、さらに話が長くなってしまう悪循環に陥っています。**

ラク生き！解決策

伝えたいことを箇条書きにして
メモを持参しよう！

　まず、**伝えたいことを三つ以内に絞って箇条書きにしたメモを持参し**、ワーキングメモリを補うことが重要です。話す内容を事前に整理し、メモを見ながら話すことで、話が長くならずに済みます。

　また、緊張や不安があると、余計な言葉を付け足してしまいがちですが、**「ここは欲張らなくてもちゃんと伝わるんだ」と言い聞かせぐっと飲みこむように心がけましょう。**「メモの内容を伝えればOK」と割り切ることが大切です。

　さらに、リラックスする方法を見つけ、上司の前で緊張しないようにしましょう。たとえば、深呼吸をする、自分がものす

ごく仕事のできる人だという自信を奮い立たせてくれるようなテーマ曲を想像してみる、自分の内側に饒舌な人を住まわせてみるなどはいかがでしょう。

　キヨシさんも事前に三つの伝えることメモを作成し、それを見ながらだと手短に話せるようになりました。また、事前に「まあ、多少うまく伝わらなくても後からでも補足はできるからいいか」とひらきなおることで肩の荷が下りてリラックスできました。
　上司からも「やっと何を言っているかわかるようになったよ」と評価されています。

> こんなお悩みにも使えるよ！　解決策の応用TIPs

友達同士でランチをすると、
自分の近況報告ばかり
になってしまう人

▶ 今日友達に伝えたいトピックをあらかじめ2、3個に絞りこんでおく。さらに時系列は気にしすぎずに、それぞれのエピソードのハイライト（最も聞いてほしいところ）を先に話してみよう。

仕事のミスの報告を
上司にしなければならないときほど
話が長くなる人

▶ 事前に「悪い結果」「考えられる原因」「解決策の提案」など話す内容を整理し、メモを見ながら話そう。

飲み会でもっと歯切れよく
おもしろい話をしたい人

▶ 事前に言いたいことをどの順番で話すと一番おもしろくなるか（オチはどれか）をシミュレーションする。リズムも大切なので、これぞというキーワードを練っておこう。

10

メモ・文章・メールなどのアウトプットが苦手

なぜ、いくら急かしても、 締め切りを守らない人がいるの？

カナエさん（40代、百貨店催事担当）のぼやき

毎日、プロジェクトチームのリーダーとして、メンバーにいろんな指示を出しています。しかし**いつもショウタさんだけが締め切りに間に合わず、手を焼いています。**「もっと早めにとりかかってください」と毎回同じことを繰り返し言い続けていますが、通じていないようです。

「あと1週間しかないんですよ。大丈夫ですか？」と確認しますが、「がんばります」と返事がくるだけで、進捗状況がつかめません。

そして、やっぱり今回も締め切りの1時間前になって「すみません、間に合いそうにないです」と報告されました。

「どうして間に合わないの」と聞いても謝り続けるばかりです。

なんで、こうなるの？

このお話の中で最も問題なのは、チームリーダーのカナエさんが、ショウタさんがなぜ締め切りまでにタスクを終わらせられないのか、その原因をわかっていないことです。

締め切りまでに間に合わない理由としては、主に次の三つが挙げられます。一つは、締め切りまで1週間あるというときに、**他にもタスクがあり、実際にそのプロジェクトに使える時間は限られていることが実感としてよくわかっていない場合**です。

もう一つは、そのプロジェクトの**所要時間がよく読めていない場合**です。

最後に、**自分の作業スピードを過信**して「このぐらいなら本気を出せばすぐ終わる」と見積もっている場合です。

ショウタさんがどのパターンなのかによって、チームリーダーとしては管理方法が異なります。

▼

ラク生き！解決策

相手のつまずきを分析しよう。

ショウタさんのような締め切りを守れない人には、まず**どこでつまずいているのかを明らかにして、それに応じた計画立ての指導が必要**でしょう。

①締め切りまで1週間あると思ったときに、会議など他の業務や生活に必要な時間を差し引いて、実際にそのプロジェクトに使える時間を数えているかを確認します。「漠然と1週間もあるからなんとかなると思っていました」という場合には、バーティカルタイプのスケジュール帳を示して、すでにある予定を記入し、空白が何時間あるのかを確認させます。

②そのプロジェクトをどういう手順で何時間かけて進めていくつもりだったかを尋ねます。計画を立てている様子がない、計画を立てたがおおまかすぎた、所要時間を見積もっていないという場合には、やることリストとそれぞれの項目の所要時間を見積もるよう指導します。

③仕事をするときに、これまでも予想した以上に時間がかかったことはなかったかを尋ねます。「いつも見積もりより時間がかかる」と答えた場合には、タスクの一部でも実際にやってみて、かかった時間（実測値）をもとに計画を立てるように伝えます。

ショウタさんに聞いてみたところ、②の計画立てに大きな問題があったようです。実際にやることリストを書いてもらうと、ペンがすぐに止まったのです。
「この進め方でいいのか自信がなくて、ずっと先延ばしにしていました。でも締め切り間際まで放置していたから、今更誰にも質問できなくて……」
　この発言を受けて、プロジェクトチームの会議のやり方が変更されました。**会議の中で、司会の人が、次の会議までに各自がやってくることリストを具体的に示して終わるようになったのです。**これでショウタさんは計画が立てやすくなりました。
　また、もしショウタさんがつまずいた場合にも早めに手助けできるよう、計画や進捗状況をチームリーダーや他のメンバーに共有するようにしました。このことで、徐々にショウタさんは締め切りに間に合うようになっていきました。

174

こんなお悩みにも使えるよ！　解決策の応用TIPs

資格試験まで
あと１カ月しかないのに
どうしても勉強が
進められない人

▶ 試験勉強の「科目別やることリスト（所要時間の見積もり付き）」を作成し、まずは１週間単位で、何曜日の何時から何時間その「やること」を進めていくか計画を立てる。

引越まであと１カ月だけど
準備をする気が起きない人

▶ 一般的な引越の「やることリスト」をネット検索してリストを作る。むこう１カ月の予定をスケジュール帳に記入して、「やることリスト」の実行日も追記することで、１カ月のイメージがついてくるはず。

家族に手続きを頼んでおいても、
そのまま放置されがちで
イライラが募っている人

▶ どの段階まで終わったのかを聞くことからスタートする。必要な書類が見つからないのか？　スキャンする方法がわからないのか？　郵便局に行く時間がないのか？などつまずいている点に応じてサポートしよう。

10

メモ・文章・メールなどのアウトプットが苦手

なぜ、文章を作るのが
こんなに苦手なんだろう。
めちゃくちゃ疲れる！

> ケントさん（30代、イベント企画会社勤務）のぼやき

以前から**人前で話すのは得意なのですが、作文や手紙など、文章を書くことが苦手です。**出張報告書もメールの返事も苦痛で仕方ありません。

以前、「君の文章はよくわからない」と何度か言われたことがあって、何かを書こうとすると**「これでちゃんと伝わるだろうか」「漏れがあったらどうしよう」などと不安になって、**頭痛がしてきて、気が重くなります。

そのため、書く仕事がどんどん先延ばしになって溜まっていきます。

なんで、こうなるの？

人には情報のアウトプット形式にも、得意不得意があるものです。話し言葉、書き言葉それぞれに得意不得意がありますし、非言語的なもの（表情や声色、態度など）でのアウトプットが得意な人もいます。

自分の得手不得手を理解しておくことで、できるだけ得意な方法で表現するようにしたり、苦手な方法でのアウトプットを

求められた際には、補う方法を知っておくとよいでしょう。

　また、一度苦手意識が生じると、私たちは知らず知らずのうちに「失敗しないようにしなきゃ」と完璧主義に陥るものです。

　話すのが苦手な人は、「これじゃ伝わらないかも」と不安になって、ついつい情報を付け足して、話が長くなりがちです。結果、相手は長い話にうんざりして、集中できなくなり、要点がぼやけて、伝わらないことも生じるでしょう。

　反対に、書くのが苦手な人は、「ちゃんとした文章を書かないと失敗する」と考えて、書き始めるハードルを上げてしまいがちです。

　ケントさんは、文章を作成する際に、書き言葉に対する心理的ハードルが高いようです。というのも、過去に上司から「報告書がわかりにくい」と文章の拙さを指摘されたことがあるからです。それ以来、「またわかりにくいと言われないように完璧な文章を書かなくては」という不安にとらわれて、書いては何度も読み直して、修正を繰り返しているのです。

　このような完璧主義的なやり方のせいで文章作成にものすごく時間がかかり、ますます「ああ、今から報告書だ。またすごい時間がかかる。疲れるだろうな」とうんざりして気が重くなってしまうのです。

10

メモ・文章・メールなどのアウトプットが苦手

> ### ラク生き！解決策
>
> # 「書く」にこだわらない。
> # 音声入力ならいけるかも！

　書くことへの苦手意識の背景にある「完璧主義」を克服するには、完璧主義をすべて捨て去るのを目指すのではなく、**「気を付けるポイントを押さえて、全部完璧にするのをやめる」ことをゴール**にします。

　具体的には「ですます調とである調を混在させずどちらかに統一」とか、「1文をなるべく短く」「結論を最初に述べる」などに絞り込んでそれ以外の些細なニュアンスの違いにこだわらないようにするのです。

　また、これから文章で書こうとしている**「伝えたいこと」を箇条書きにして整理しましょう**。

　多くの場合、報告書で伝えたい項目は2〜5項目ぐらいではないでしょうか。何を書こうかなと考えながら書くのではなく、最初にポイントを絞ってから書き始めることで、文章の構成が明確になり、脱線や漏れを防ぐことができるため、書く作業が楽になります。

　書くのが苦手な人が、全体像を念頭におきながら、この段落ではこれとこれを述べて、次の段落につなげて……といった複数のことに注意を払いながら文章を書くのは至難の業です。自

分のメモリをただでさえ苦手な書くという作業だけでなく、全体像に気を配るという作業に割くことになっているからです。

項目の絞り込みで、その文章を書くことそのものに集中できるでしょう。

また、書き言葉に対する心理的ハードルを下げるために、**ChatGPTなど生成AIの音声入力ツールを活用する**のもよいでしょう。たとえば、伝えたいことをラフに話しかけることで、音声から文章を生成してもらい、その後に細かい修正を加えるのです。

何もないところから文章を考えていくよりも、一度ラフに文章化されたものに加筆修正していくほうが格段にラクでしょう。

ケントさんは、一文が長くダラダラとなりがちなので、「一文を短く」という点だけに焦点を当てることにしました。そして、出張報告書に書く内容を箇条書きにしてみました。これまで先に項目を挙げてから書くなんてしたことがなかったのですが、この方法だと、「よし、5項目中3個まで終わったぞ」と進捗も把握しやすく、やる気が維持できたようです。

また、段落構成もすっきりして、上司からも「わかりやすくなった」と褒められました。この体験から、ケントさんは少しずつ書くことへの苦手意識を減らすことができたのです。

こんなお悩みにも使えるよ！ 解決策の応用TIPs

職場での
朝礼スピーチが
苦手な人

▶ 饒舌（じょうぜつ）に話そうとか、ウケを狙おうなどと高い目標を設定せずに、伝えたいことを1点に絞って、「情報が伝わればOK」と自分に言い聞かせて話そう。

取引先への
メールを書くことが
苦手な人

▶ 伝えるべき内容を本文中に①日時②場所③対象……のように入力して枠組みを作ってから入力していけば、確実に読みやすいメールができる。

仕事の遅れやミスの報告のときに
しどろもどろになり
話がまとまらなくなってしまう人

▶ 仕事の遅れやミスの原因を先に言いたくなるけれど、そこはぐっとこらえて、「現状の報告」と「解決案の提示」に全力を注ごう。そうすることで、随分まとまった報告ができるはず。

なぜ、企画を考えて企画書にするのがこんなにつらいの？

> ナナさん（40代、スポーツクラブ事業開発）のぼやき

会社が来年度に新しい分野の事業を開始するので、企画を提案しなければなりません。でも、**私は前例のない、いわゆる0から1を作る仕事がとても苦手で、どこから手をつけてよいものか悩んでいます。**休日も憂鬱なままパソコンを開いてはため息ばかり……。

いざ企画書のための資料を作り始めても、「この後どんなふうに書こうかな」と迷って、ネットでいいアイデアはないかと検索していると、**ついつい脱線してSNSをチェックし始めたりして、「あれ？　今何してたんだっけ」とわからなくなってしまい**なかなか進みません。

なんで、こうなるの？

このようなゼロから新しいものを生み出す作業は、お手本がない分、ああでもない、こうでもないと試行錯誤しながら進める必要があります。

また、ゼロからアイデアを生み出す作業は、天才的なひらめきでもない限り、多くは、既存のアイデアの組み合わせであっ

たり、ちょっと変形したものであったり、「そもそもこの目的は？　対象は？」などの枠組みを整えながら生み出すものです。

アイデアが出てこないと悩む人の多くは、こうしたアイデアを生み出すための材料を全く用意せずに目を閉じて脳裏にアイデアが自動的に生み出されるのを待っています。この過程で、多くの人は本筋から外れて脱線してしまいがちです。特にワーキングメモリが弱い人はこうなりやすいと言われています。

ワーキングメモリとは、たとえば宿泊するホテルのフロントで聞いた部屋番号を記憶しながら部屋まで移動するときに用いるような、一時的な記憶を指します。この**ワーキングメモリが弱いと、タスクにとりかかるときにはA→B→Cの順にこなすぞと決意しながらも、作業を進めるうちに忘れてしまい、A→C→予定にないDへと脱線したり、A→A'→A"のように深掘りしすぎて迷子になることもあります。**

ナナさんは、ワーキングメモリの弱さが原因で脱線が多くなり、全体像を把握しづらくなっています。そのため、何から始めてよいかわからず、途中で迷子になりがちのようです。

▼

ラク生き！解決策

完成予想図を見える化しよう！

企画を考えるといったアイデアを早めに生み出すには、参考資料のような既存の資料に目を通しながら、最初にアイデアの元を集めたり、それらを組み合わせてみたり、「今回の企画の

目的は」と枠組みを整理してみたりすることが大切なのです。

また、ワーキングメモリの弱さを補うために、完成予想図や視覚化した計画表、「やることリスト」を手元に置きます。迷子になったり脱線しそうになるたびに、現在地を確認できるからです。

まず、似た企画書を手元に置き、全体像を見える化することから始めましょう。具体的には、**完成予想図を描いて、それをナビにして目次を作ります。次に、各セクションごとに必要な情報を箇条書きにして整理します**。これにより、迷子にならずにスムーズに資料を作成することができます。

ナナさんは、まず過去の企画書を参考にし、全体の流れを理解しました。過去に通った企画書ですから、内容が同じでなくとも説得に必要な要素は洗い出せます。そして、企画が承認されるために必要な情報のリスト（アジェンダ）を作成しました。

次に、アジェンダごとに盛り込む内容をメモパッドに箇条書きにして整理しました。冒頭にチェックボックスをつけ、スライド作成が終わると一つずつチェックを入れていきました。

ナナさんは途中何度も脱線しかけましたが、その都度メモパッドのリストを見ることで「今はここをやってるんだった。リストに戻ろう」と思い直すことができ、迷子にならずにスムーズに資料を作成できただけでなく、チェックを入れるたびに「よしできた！」と達成感を持つこともできました。

> こんなお悩みにも使えるよ！　解決策の応用TIPs

ホームパーティーの
準備が憂鬱な人

▶ メンバー、時間、部屋、料理、アクティビティなどを書き出して完成予想図を把握してから、準備のやることリストを作ろう。

目上の方へのお礼の品に
何をあげたらいいか
わからない人

▶ ただ「どうしよう」と悩み続けても答えは出ないので、共通の知り合いにその方の好みを尋ねたり、百貨店のギフトコーナーの店員に相談してみるなどして行動しながら判断材料（アイデア）を集めて決定してみよう。

長い報告書や論文を
書いているうちに、
いつの間にか
時間だけが過ぎてしまう人

▶ 全体の見出しを先に作るだけでなく、その文章作成のための調べものや、表やグラフ作りも含めた「やることリスト」を作ってから本文を書き始めてみよう。

11

計画を立てても実行するのが苦手

こんな「お悩み」で、今日もぼやいていませんか？

計画はきっちり立てるのに、その通りにできた試しがない

▶ p.187

仕事を予定通りに進めるためにスケジュールを立てても、想定していたより時間がかかることが多く、いつも時間が足りなくなる。

他のことがしたくなって脱線する

▶ p.191

長いスパンでやるべき仕事を決めて取り組んでいるのに、もっと興味があることを見つけるとすぐに気が散って心移りしてしまう。

朝ちゃんと目覚めているのに毎日遅刻する

▶ p.195

十分間に合う時間に目覚めているのに、ぐずぐずしていて毎日遅刻する。支度の段取りはその日の気分や思い付きでやっている。

家族の時間と仕事のバランスがうまくとれない

▶ p.200

もっと家族との時間を過ごしたいし、子どもと一緒にしたいこともいっぱいあるのに、平日は残業、休日も仕事疲れでぐったり。

なぜ、計画を立てても、その通りにいかないの？いつも時間が押してしまいます。

> **サキさん（20代、公務員）のぼやき**
>
> いつも時間に追われています。私は補助金の処理に関わる部署に勤務していて、締め切りがタイトで非常に忙しいのです。
>
> 自分なりにスケジュール帳で計画を立てて時間を管理していますが、計画通りにいきません。1時間で終わると思った仕事が3時間かかるというようなことが多く、計画が常に押してしまうのです。
>
> そのため、時には終電に乗り遅れそうになることもあります。そのせいで、最近は計画を立てること自体がつらくなってきています。

なんで、こうなるの？

時間が過ぎていく感覚が体感としてわかることを時間感覚といいます。これは小脳が担っている役割です。退屈な映画を観ているときには「早く終わらないかな」と時間が長く感じられたり、楽しい時間はあっという間に過ぎ去るように感じたりするように、**時間感覚は誰においても時計ほど正確ではありません。**

時間感覚がとりわけ不正確な人は、「このタスクはだいたい○分で終わりそう」という見積もりがずれやすく、計画を立てても多くの場合押してしまい、計画を立ててもどうせうまくいかないからと計画立てに苦手意識を持ってしまいます。

　その結果、時間を意識しないまま、タスクにとりかかり、「いつ終わるかわからない」という不安に襲われるのです。

　サキさんも、時間感覚が正確でないため、計画を立てても実際の時間配分がうまくいっていません。

▼

ラク生き！解決策

体感ではなく、タイムログに基づいて計画を立てよう！

　まずは、スマホのストップウォッチ機能でご自身の時間感覚を確かめてみましょう。スタートボタンを押したらすぐに目を閉じて3分間を心の中でカウントします。3分ぴったりだと思ったところでストップボタンを押します。さて、あなたの時間感覚はどのぐらい正確でしょうか。

　また、5分でできそうなタスクを用意して、5分後にアラームをセットしてからとりかかり、実際にかかった時間とのズレを見てみましょう。自分が見積もった時間と実際に経過した時間がどのぐらい違うのかを知っておくと役に立ちます。

不慣れな仕事の計画を立てるときには、**実際に少しだけ仕事を進めて、その時間を計測し、そのログに基づいて計画を立てる**ことが大切です。たとえば、1時間で終わると思った仕事が3時間かかった場合、その結果に基づいて次回からは3時間を見込んで計画を立てるようにします。

　サキさんは、補助金の申請書類300件を、週末までに処理する必要がありました。当初の計画では、1日あたり60件ずつ処理していけば間に合うと見積もって、1日あたり1時間をそのタスクのために確保していました。日々の通常業務がある中では、1時間確保するのも至難の業だったのです。

　しかし、実際に60件をこなすのにかかった時間は3時間でした。

　計画を見直す必要を感じたサキさんは、すぐに上司に相談しました。締め切りに間に合わせるためには、1日2時間は残業が必要であること、それが難しい場合には、手伝ってくれる人員を増やしてほしいこと、もしくは通常業務のうち2時間分の仕事量を誰かに負担してほしいという内容でした。

　これまでは漠然と「締め切りに間に合いそうにないのでどうしましょう」という相談の仕方をしていましたが、今回は「60件で3時間ほどかかることがわかったので」と**実測値に基づいた具体的な相談で、上司もすぐに対策を考えてくれました。**

　その結果、同じ係の人が通常業務を一部負担してくれることになり、サキさんは、無理なく締め切りまでに書類を処理することができたのです。

> こんなお悩みにも使えるよ！ 解決策の応用TIPs

新規プロジェクトの
年間計画を立てるのが
苦手な人

▶ まずは年間計画を仮で立てて、1カ月間実行してみる。その後、チームミーティングで進捗状況を確認して、それに応じた年間計画に修正し、もっと現実的にこなせるプランに変えていこう。

膨大な報告書作成を前に
やる気をなくしている人

▶ 報告書の構成を考えて、最初の1項目を書いてみて、かかる時間を実測する。それに基づいて全体の計画を立てれば、「いつ終わるかわからない」不安を軽減することができる。

「このタスクは本当なら
1 時間でやるはずだったのに」
という落ち込みがたびたび起きる人

▶ 理想〈1時間でやるはずだった〉にとらわれすぎて、現実〈2時間かかった〉を見失っている状態。落ち込むのではなく、「このタスクは2時間かかるものなのか！ いい発見ができた！」と次に生かそう。

なぜ、興味の赴くままに
脱線してしまうんだろう。
「無計画」と呆れられます。

> ユウトさん（20代、Webデザイン会社経営）のぼやき

妻と二人でWebデザインの会社を経営しています。最近、会社が軌道に乗り始めたので、請け負う業務の年間計画を立てているのですが、**趣味の釣りやトライアスロン関係の新規案件の依頼が来ると、興味があるので、つい利益度外視で飛びついてしまいます。**

妻からは「**ユウトに振り回されっぱなしだよ。**そんなにこなせるの？」と困った顔をされます。

なんで、こうなるの？

誘惑にすぐに飛びついてしまう習性を「衝動性」と呼びます。この衝動性は一般的には幼少期よりは大人の方が少なくなってきます。これは前頭葉の発達により抑制制御と呼ばれるブレーキをうまく働かせられるようになるからです。

しかし、抑制制御の発達は個人差も大きく、人によっては大人になっても衝動をコントロールするのが難しく、夜更かし、食べすぎ、飲みすぎ、ギャンブルなどのやりすぎが生じてしまうこともあるのです。

11

計画を立てても実行するのが苦手

ユウトさんは、魅力的なものにすぐに飛びつく衝動性の高い性格のため、計画に従って行動することが難しく、脱線してしまいます。**抑制制御がうまく働かず、新しいものにすぐに興味を持ってしまうため、計画通りに進めることができません。**

　このままでは、会社の経営が不安定になり、進行中のタスクも途中で放り投げてしまう可能性もあり、一緒に働く妻に大きなストレスがかかるでしょう。

ラク生き！解決策

誘惑を減らして
我慢しなくていい状態を
つくる！

抑制制御をうまく働かせるには、誘惑を物理的に減らすこと

が大切です。 これを専門的には「環境調整」と呼んでいます。

本人が「我慢」する力を育成するのももちろん大事ですが、元々我慢強い人のようにはなりませんし、限界があります。また、即効性もありません。

そうではなくて、**誘惑のほうにご退散いただいて、そもそも我慢しなくていい状況を整えようというのが環境調整の考え方**です。

ユウトさんは仕事場から釣り竿やトライアスロン関連のグッズなどの趣味の道具や、ゲーム関連の興味を引くものを撤去し、本来の仕事に集中できる環境を整えました。

また、仕事の年間計画を具体的に立て、その進捗を常に確認することで、脱線を防ぎました。

さらに、新しい魅力的な仕事の話があっても、その場で即決せずに一旦持ち帰って妻に相談するようにしています。妻との定期的なミーティングを設け、進捗状況を共有し、サポートを受けるようにしました。

ユウトさんはこれにより、新しいものに衝動的に飛びつくことが減り、計画通りに仕事を進められるようになったのです。その結果、会社の経営が安定し、妻との関係も改善されました。

11

計画を立てても実行するのが苦手

> こんなお悩みにも使えるよ！　解決策の応用TIPs

早く寝ればいいのに
寝床でスマホを触ってしまう人

▶ 布団から遠いところでスマホを充電する。

資格試験の勉強をしたいのに
ついついスマホを触ってしまう人

▶ スマホをタイムロッキングコンテナに入れてしまうか、スマホを家に置いて図書館など別の場所で勉強する。

残業中に今日中に
終わらせるべき仕事があるのに、
新着メールに対応してしまう人

▶ 残業時間は、本来ならばメール対応していない時間帯。メールを開かないようにして、刺激を減らして「今日中」の仕事に集中する環境をつくる。

職場の隣の席の人の
パソコンのタイプ音が
ものすごく大きく感じて集中できない人

▶ 特に集中したいときには離れた机や別室で作業を進めよう。そのような場所がなければ、思い切って上司に相談したり、耳栓を使うのも一つの手段。

なぜ、毎日職場に1、2分だけ遅刻するのかな？布団から出られないんだよね。

ミサキさん（20代、公務員）のぼやき

　　毎日、職場の始業時刻に間に合わず遅刻を繰り返しています。

　　目覚めてはいるものの、布団の中でぐずぐずしてスマホを見てしまい、出発の15分前になってようやく観念して飛び起きる始末です。そのせいで**身支度にとりかかるのが遅れてしまうのです。**

　　いつも時間休を使って対応していますが、もう今年の年休がなくなりそうです。

なんで、こうなるの？

　ミサキさんは、時間管理が苦手のようです。時間管理とは、ある目標のために計画を立てて、時間を効果的に使うことを指しますが、これは35ページでも紹介した脳の実行機能という働きが大きく関係します。

　実行機能とは高度な働きで、次の4つのプロセスから成っています。時系列的に、そのタスクへの着手である「とりかかり」、タスクの何からどの順番で進めるかを決める「計画立て」、実際に時計を見ながら進捗状況を確かめて必要に応じてやり方

11

計画を立てても実行するのが苦手

を変更したりする「進捗気にして」、さらに計画外のことを始めてしまわないようにする「脱線防止」です。

　ミサキさんは、**実行機能のプロセスの中では、「とりかかり」、つまり、朝起きてあれこれ準備するだけのモチベーションが上がらずに布団の中でぐずぐずしているのです。**

　寝起きのぼんやりした頭では、なかなかやる気を出せないものです。「朝起きれば何かいいことがある！」と脳に覚えてもらうためにも（心理学的には「条件付け」といいます）、朝起きたあとのご褒美を設定することをお勧めします。

ラク生き！解決策

朝布団から出るための「とりかかり」をよくするご褒美を設定しよう！

　「とりかかり」へのやる気を高めるために、ミサキさんは好物のパンやプリンを前日の昼休みや仕事帰りに買いに行って用意しておき、「明日の朝起きたら、あのパンが食べられる」というように起床後にご褒美のあるしくみを作りました。

　さらに、起きる時間に好きなアーティストの音楽がかかるようにタイマーをセットしておいたり、前の晩から次の日に着ていきたい服や靴のコーディネートを考えて「明日はあの服が着

られる」という期待感もご褒美にしてみました。

　また、ときどきは朝限定のハンバーガーを朝食にするために、早起きしてハンバーガーショップに行ったり、同僚と職場近くの喫茶店でモーニングする約束をしたりもしました。

　こうした朝のご褒美作戦のおかげで、ミサキさんは布団の中でぐずぐずする時間が減り、むしろ朝が楽しめるタイプになっていったのです。
　そんな日々を過ごしていくうちに、ミサキさんは始業5分前に余裕で到着できるようになり、朝から仕事がはかどるようになりました。
　そして、時間休を使うこともなくなり、今では年休で旅行や趣味を楽しんでいます。

11

計画を立てても実行するのが苦手

> こんなお悩みにも使えるよ！　解決策の応用TIPs

朝にシートパックをしたいのに
いつもバタバタして
新しい美肌習慣をなかなか
とりいれられない人

▶ 朝のルーティンを決めて、その動線上にシートパックを配置、無理なく流れで手に取れるようにする。たとえば朝ごはんの準備の動線上である冷蔵庫に冷やしておけば、ついでに手が伸びるはず。

継続的な朝の運動をしたいのに
なかなか一歩が踏み出せない人

▶ 具体的に何の運動をするかを決め、朝のルーティンの中に入れ込み実行する。たとえば朝起きて米を研ぎ、炊飯中の30分間で近所をウォーキングするなど朝の流れで無理なくできることをやってみよう。

太りはじめるとついつい
体重計に乗るのを避けがちになり、
やせるタイミングを逃してしまう人

▶ 朝の着替えのタイミングもしくは入浴のタイミングで量れるように、動線上に体重計を置く。最近では体重を量ることのできるバスマットもある。

洗面所が
汚れてしまいがちな人

▶ 朝の洗顔や歯磨きなどいつもしていることと抱き合わせにして、洗面所を掃除する。

帰宅したら自分の部屋に
カバンを置くべきなのに、
リビングにどすんと置いてしまう人

▶ リビングにカバン置き場を作る。決まった棚の上や専用かごを用意するなどして帰宅後の動線上に配置しよう。

仕事中、
昼食のパンの外袋や
使用済みのティッシュを
捨てに行くのが面倒で
デスクが汚い人

▶ デスク上にコンパクトでおしゃれなゴミ箱を設置しよう。

なぜ、子どものことと
仕事のバランスが、
うまくとれないんだろう。

タクトさん（30代、銀行法人営業）のぼやき

　僕の家族は、妻と3歳の息子です。自分では、仕事はきっちりと計画を立ててコツコツこなしていけるタイプだと感じています。同期の中でも出世は早くて、成果も上げてきているという自負がありますが、プライベートはなかなか悲惨なんです……。

　本当は平日も家族と一緒に夕食を食べたり、休日にはピクニックに行ったり、趣味の魚釣りを息子に教えたりしたいのですが、実際には**残業ばかりで帰宅が遅く、家に着くと疲れ切ってぐったり。**食事と入浴を済ませたらすぐに寝てしまいます。**その疲れで休日も昼過ぎまで寝てしまい、アウトドアをする元気もありません。**

　妻からは不満が噴出していますし、僕自身もこのまま社畜として生きていくのは嫌です。

なんで、こうなるの？

　タクトさんは、仕事の計画は分刻みで立てるのに、プライベートの計画はぼんやりしているため、うまくやりくりできて

いないようです。

スケジュール帳には仕事でやるべきことは「やることリスト」として記されているのに、プライベートでやりたいことは一つも書かれていないのです。「いつか釣りに行きたいな」と願うだけで、実行日が決まっていません。

プライベートのやりたいことには締め切りも設けていないので、ずるずると先延ばしされていくのです。

結局、スケジュール帳に書いていない用事は、優先順位が上がらないまま、いつも心の隅っこに追いやられていきます。

これでは、エネルギーが仕事に全て使い果たされてしまい、家族との時間を楽しむ余力が残らないのです。この状況が続くと、家族との時間が減り、ストレスが溜まる一方です。

▼

ラク生き！解決策

やりたいことはリストアップして
「my締め切り」を設定しよう！
「いつかする」は一生しない！

まず、プライベートでやりたいことも、仕事と同様に具体的にリストアップすることが大切です。たとえば、年始に年間計画を立てるとか、週ごとのやりたいことリストを作成するなどし、実行する時間を予約します。

プライベートでやりたいことは通常締め切りのないものが多

いでしょう。そこで**「my 締め切り」を設定して、優先順位を上げる**のです。

　タクトさんは、スケジュール帳の余白に「やりたいことリスト」を作成しました。ここに今週のプライベートでやりたいことを箇条書きにし、文末に（　）で実行日を書きました。
　息子と魚釣り、家族で最近近所に新しくオープンしたパン屋さんでサンドイッチを買ってピクニックに行く、洗車やクリーニングに出した衣類をピックアップしたり、本屋に行くこともリストアップされました。

　これまでは頭の中だけで「あーあ、釣りに行きたいな」とぼんやり思っていただけでしたが、実行日まで決めてしまうと、「よし、土曜日の朝なら行けそうだから前夜は早めに寝るぞ」とプライベートにエネルギーを注ぐ準備もできるようになりました。

こんなお悩みにも使えるよ！　解決策の応用TIPs

いつかは南の島でビキニを着てみたいと憧れながらも仕事を優先してダイエットを先延ばししている人

▶ 「いつか」は一生来ないので、先にビキニを手に入れて、南の島行きのチケットも購入してしまう。

勉強と仕事の両立が難しい人

▶ 仕事の予定だけをスケジュール帳に記すのではなく、勉強の予定も書き込んで計画を立てよう。

いつかはインテリア雑誌に出てくるような美しい家に住みたいと思いながらも"汚部屋"のまま暮らしている人

▶ 「では、いつ美しい家に住むのか？」と自問自答して、ゴールから逆算して計画を立てる。「まず今月は無造作に積み上げている古い雑誌と本を整理しよう」と決めて、プライベートの「やることリスト」を作る。

毎年年賀状で「また会おうね」と書いて、ずっと会えていない人

▶ いつ会うか日程を決めて、有言実行の人になる！

11

計画を立てても実行するのが苦手

12

思考や気持ちの
切り替えが
なかなか
できない

こんな「お悩み」で、今日もぼやいていませんか？

四六時中スマホを見て
仕事メールに追われっぱなし

▶ p.206

仕事に対して真摯で、人の顔色もとても気になる。だからスマホを手放せず、仕事のメールをずっとチェックして返信してばかり。

家でも仕事の話ばかりして、
家族が辟易している

▶ p.211

職場のストレスは家族に愚痴るのが一番効く。他にストレス解消法も特にないし……。でも家族はうんざりしているみたい。

いつまでもくよくよ
考えてしまう

▶ p.215

たとえば、就活中、入社試験に続けて落ちると「自分は社会に必要とされていない」とどんどん落ち込んでしまい、立ち直れなくなってしまう。

12

思考や気持ちの切り替えがなかなかできない

205

なぜ、帰宅後も週末も
仕事メールに追われなきゃ
ならないの？

> ツバサさん（30代、ベンチャー企業のプログラマー）のぼやき

　僕は**昔から心配性で、人の顔色を気にしてばかりいます。**

　勤務先の会社には、休みの日にも取引先からシステムの不具合に関する質問や要求がメールや電話で次々に寄せられるのですが、小さな会社なので、自分が対応するしかないんですよね。だから全部僕のスマホに転送されるようになっていて……。会社もここで軌道に乗れればうまくいくという正念場だし、仕方ないんだよなあ、と。

　でも妻は、いつもため息をついています。僕はこの10年、**休日もスマホを気にしてばかりで、会話も上の空になってしまっている**からでしょう。

　本当は週末ぐらい、仕事から解放されたいんですが……。でも、社長や取引先の人の顔が夢にまで出てくるし、とても休んではいられません。

なんで、こうなるの？

　ツバサさんがとらわれているのは一種の「不安」です。メー

ルや電話に対応しなければ、何か悪いことが起こるだろうと考えているので、その悪い結果を避けるために四六時中対応しているのです。

不安は有益な側面もありますが、過剰になると心身に悪影響を及ぼします。また、**不安は「最悪な状態を避けるための対処をすればするほど大きくなる」**こともわかっています。

ツバサさんは、一見会社のために一生懸命に働いているのですが、休日でも対応すればするほど「ちゃんと対応しないととんでもないことになる」「今日はメールを15分おきにチェックしていたから無事に過ごせただけだけど、それをしないと恐ろしいことになる」という**思い込みを深めていっている**のです。

こうした不安のメカニズムでツバサさんは、仕事のメールや電話に対する過剰な不安を募らせ、休みの日でも心が休まらず、家族との時間が疎かになっているのです。

ラク生き！解決策

恐れている結果について、
最後までイメージして、
恐れを手放そう。

ツバサさんは不安に対してその場しのぎの対応を繰り返しているといえます。

土日も追いかけられる「しくみ」を見直して、そのために人を雇うとか、問い合わせ時間帯を固定するなどの方策を立てるように上司や社長に相談することなく、ひらすらに目の前のことに必死で対応しているだけなのです。

しかも悪いことに、「取引先からの土日の連絡に対応しないとどうなるかは不明」のままなのです。
これは熱心に対応してきた結果なのですが、もしかすると「土曜日午前中までは対応するけどそれ以降は対応不可」と先方に提示しても、意外とうまくいっていたのかもしれません。実際のところ、取引先からの嵐のようなクレームが大量に寄せられるとか、取引を停止されるといった最悪の事態が起こることと、土日も対応することの因果関係は謎です。

不安を現実に見合うだけの適正な大きさにするには、このようにツバサさんが**恐れている事態を具体的にイメージし切る**ことが大事です。「イメージし切る」と書いたのは、**人間の多くが最悪な事態の想像を途中でやめてしまいがちだから**です。
ツバサさんだって、イメージしてはいました。「もし、土日に自分がすぐに対応しなければ、取引先でとんでもないトラブルが起こって、うちとの契約を切られるんじゃないか」といったものです。
たいていそのあたりでイメージをやめてしまう人が多いのですが、ツバサさんにはもっと先までイメージしてもらいます。

「年中無休の対応を自分一人で請け負わなければ、契約を次々と切られて、会社が潰れてしまう」

「そうなると妻と自分は一文なしになってこの家にはもう住めなくなる」
「寒い雪の日の夜に、泊まる場所もなくて妻と自分は道路脇で段ボールにくるまって寝るのか？」

　ここまできてツバサさんは思いました。
「さすがにそこまではならないな。自分の技術があればまた別の会社で雇ってもらえるだろう。いや、そもそもそんな無茶な対応を要求する取引先もどうかと思うし、その必要があるならやはり人を増やすべきだ」

　このように具体的に想像していくと、どこかで非現実的な想像をしている自分に気づくことができます。
　不安はとことん最悪な結果までイメージし切ることで燃え尽きるのです。想像を途中で止めてはいけません。

12

思考や気持ちの切り替えがなかなかできない

209

こんなお悩みにも使えるよ！　解決策の応用TIPs

大切な人から
LINE の返事が来なくて
不安になっている人

▶ このままずっと返事が来ないとしたら、最悪の場合どうなるかを想像し切ってみる。もし関係が終わっていると想像されるのならば、現時点で受け入れたほうがいい。

明日のプレゼンが
うまくいくか
不安で眠れない人

▶ 最悪な結果を具体的にイメージして、それが何％の確率で起こりそうか、打てる手があるかを考える。現実的に準備できそうなことがあるのならば、今したほうがいい。

上司や家族が
不機嫌になるのが
不安な人

▶ その人が機嫌が悪いことでどうなるのか？　それが絶対の評価なのか？　自分のせいなのか？　自分が相手の立場なら同じように不機嫌になるのか？　不平等な関係なのではないか？　などと想像して、その不安の根拠を分解・分析してみる。

なぜ、家でも仕事の話ばかりしてしまうのかな。気づくと家族が辟易しています。

リカさん（40代、美容師）のぼやき

　一人で美容室を営んでいます。**接客業ならではのストレスが溜まって、毎日家族にぶつけてしまいます。**

　中学生の娘や夫に愚痴を聞いてもらうとストレスが消えて、翌日もまたがんばれるのですが、家族からは「いい加減にして！」と辟易されています。

　これといった趣味もないし、お酒も飲めない体質なので、**ほかにストレス発散の方法が見つかりません。**

なんで、こうなるの？

　一般的に使われている「ストレス」という用語は、心理学では「ストレッサー」と「ストレス反応」に分けられます。ストレッサーは、なんらかのプレッシャーが生じる原因のことで、たとえば上司からの叱責や長時間労働、仕事の量の多さなどがあります。

　これに対して、受け流したり、主張したり、別の捉え方をしたり、助けを求めたりしてうまく対応できると、私たちは平気だったりします。このようなストレッサーへの対応のことを、コーピングといいます。

12

思考や気持ちの切り替えがなかなかできない

211

しかしうまく対応できないと心や体にネガティブな反応を引き起こし、これをストレス反応と呼んでいます。

ストレッサーの強さやコーピングの巧みさによってストレス反応が出たり出なかったりするといわれています。

リカさんは、仕事のストレスへのコーピングは、今のところ家族に愚痴を言うことのみです。「発散」以外のバリエーションを増やすことも必要そうです。

▼

ラク生き！解決策

日頃からコーピングの種類を
増やしておこう！

世の中には、さまざまなストレッサーがあるものです。上司に叱られるといったネガティブな出来事だけでなく、**昇進や結婚など一般的にはめでたいとされることも人によってはストレッサーになり得るのです。**

これだけいろんなストレッサーがある時代ですから、私たちはそれに対して**多くの種類のコーピングを持っておけば、ストレッサーに応じて最適なコーピングを選んで使うことができます**。そのことで、ストレス反応を減らすことができるのです。

まず、リカさんは自分で気分を切り替える方法を見つける必要があります。たとえば、一つの方法として帰宅前にコンビニ

で好きな飲み物を購入し、あえて遠回りでドライブをしてから帰宅する方法を提案します。仕事場から家に帰るまでの間に「飲み物」と「ドライブ」でリラックスタイムをつくるのです。こうして家族と会う前にワンクッション置くことで、仕事のストレスが少し解消され、家族に愚痴をぶつけることが減ります。

　また、食事を作るときに根菜類を切り刻むのもおすすめの方法です。リズムや感覚がイライラを和らげる効果があるので、トントン切れる工程を含んだ料理を作ると効果が期待できるのです。

　さらに、フラダンスや刺繍、短歌など新しい趣味を始めることで、気分転換のスイッチを作ることもできます。

　リカさんはこれらの方法を試すことで、少しずつ家族に愚痴を言う頻度が減り、家庭内の雰囲気が改善しました。

　次に、リカさんは「気分転換」や「発散」だけでなく、他のコーピングも試してみることにしました。

　美容室での接客の際に、どうしたら嫌な質問を繰り返す客をいい距離感でかわすことができるかを考えたり、「いちいちマジメに真正面から受け取りすぎないでおこう」などと捉え方を変えたりしてみました。

　リカさんはこれまで「ストレスは溜まったら発散するしかない」と思い込んでいましたが、接客の際の上手な受け流し方が身につき出し、ストレス自体があまり溜まらなくなっていきました。

> こんなお悩みにも使えるよ！　解決策の応用TIPs

職場で溜まった
ストレス発散のために
買い物をしすぎてしまう人

▶ そもそもストレッサーの多すぎる職場をやめて転職する。その結果、収入は下がってもストレスがなくなり衝動買いが減って、貯金もできるようになる。

人を頼れず悩みがあっても
独力で解決して
事後報告が常だったが、
ひとりでは解決できそうにない
問題に直面して悩んでいる人

▶ 試しに人に相談してみる。すると、問題自体が解決したわけではないけれど、たくさん共感してもらえて気持ちが楽になるかもしれない。

自分がずっと
インドア派ということに、
くよくよ悩み続けている人

▶ これまで試してこなかったスポーツクラブに入会してみる。体を動かすという新しいコーピング（ストレスに対処するための方法）が増えて、くよくよ考える時間が減る。

なぜ、僕は、いつまでも
くよくよ考えてしまうのかな。

> コウタさん（20代、就活中の大学生）のぼやき

今、大学4年生の僕は、就活中なんですが、周りが内定をもらっている中、まだ内定が取れていないことにとても焦りを感じています。

「自分は世の中から必要とされていないんだ」と<u>落ち込みがどんどん激しくなり、もう誰にも会いたくないし就職活動も止まっています</u>。

なんで、こうなるの？

人はメリットがデメリットを上回る行動しかし続けない、賢い動物であるといわれます。くよくよ悩むこと以外にも、なぜかやめられない癖、いけないとわかりながらも食べてしまうものなど、なぜか続く行動はありませんか？

こうした行動について、私たちは自戒を込めて「こんなにデメリットがあるのだからやめるべきだ」と自分に命令します。しかし私たちはなかなか言うことを聞きません。なぜなら、その行動には**隠れたメリットがある**からです。

コウタさんは、就職活動がうまくいかないことで自己評価が低下し、くよくよ考えることにとらわれています。また、**くよくよ考えることでさらに就職活動に手がつかず、悪循環に陥っ**

12

思考や気持ちの切り替えがなかなかできない

ています。このままではどこからも内定がもらえないまま、卒業することになるかもしれません。

▼

> **ラク生き！解決策**
>
> やめられない行動に潜んでいる
> 隠れたメリットを探し出そう！

くよくよ考えることのメリットを分析してみましょう。

コウタさんの場合、くよくよ考えることで人の内定話を聞くのを避け、自信喪失や嫉妬をしなくて済んでいます。

また、実は、コウタさんは前から自分が月曜から金曜の9〜17時で働く自信がなく、「できるなら一生働きたくない」と思っていました。こうした働きたくない願望が、就職活動がうまくいかないとくよくよ哲学的に悩むことで、叶っていたのかもしれません。これが、くよくよ悩むことのメリットです。

しかし、これでは前に進めません。コウタさんは、**自分がくよくよ考えることが現実逃避の一つであることに気づき、行動を起こす決意をしました。それは、人に尋ねる、ということです。**

具体的には、コウタさんはまず大学の就職支援センターに相談にいきました。多くの学生を見てきた支援員は、コウタさんのこれまでのアルバイト経験や部活内で担ってきた役割を聞き

出し、その延長上に働くことがあることや、少しずつ慣れてい
くことができると励ましてくれました。

　また、コウタさんの性格をよく知る友人は、「なんとなくだ
けどこういう業界があってるんじゃない？」とアドバイスもく
れました。こうしてコウタさんは、毎日少しずつでもパソコン
を開いて求人情報を探し始めることができました。

　少しずつですがコウタさんは自信を取り戻し、就職活動を再
開することができたのです。

12

思考や気持ちの切り替えがなかなかできない

> こんなお悩みにも使えるよ！　解決策の応用TIPs

資格試験が不合格で落ち込む人

▶ 落ち込み続けていると周囲が同情して慰めてくれるけれど、「私は同情だけが欲しいのではない」と切り替える。まずは現実を直視し、次の資格試験に向けた準備を始めよう。

仕事でミスをして落ち込む人

▶ 罪悪感を埋めるために自分を罰し続けて「ダメな人間だ」と自責しがち。「悪い」という気持ちをミスの再発防止策を考えるほうに向け、実行するほうがいい。

失恋して「もう恋なんてしない」と落ち込む人

▶ これ以上自分が傷つくのを恐れ、身を守るための思考であるが、このまま落ち込んで行動範囲が狭くなり、思考も表情もふさいだままでは、本当に欲しい「新しい恋」にめぐりあえるチャンスを減らすことになる。「もう恋なんてしない」という考えには「また誰かを好きにならないことで傷つかずに済む」というメリットが隠れていることに気づけば、その上で「私は傷つきたくないんだ。かといって本当に一生恋をしたくないわけじゃない。傷つかない幸せな恋はしたいんだ」と考えることができる。すると、好意を抱く対象になる人たち遠ざけるような態度にはなることはない。

13

先延ばし
にする

こんな「お悩み」で、今日もぼやいていませんか?

苦手・面倒なことは「また後で」。だけど「後」っていつ?

▶ p.222

やらなきゃいけないのはわかっているけれど、手が付けられないままどんどん日が過ぎていく。「また今日もできなかった……」と落ち込んでしまう。

締め切りが迫っていても余裕のフリをして遅れる

▶ p.226

もともと夏休みの宿題は8月31日にやるタイプ。一夜漬けが得意だったせいか、締め切り前日でも焦らないし、飲みに行ってしまって間に合わないことも。

まとまった時間がとれない

▶ p.230

本を読みたい、部屋を片付けたい、ストレッチをしたい……。でも、集中できる「まとまった時間」がとれないから、いつまでもできないまま。

光熱費などの振込用紙を永遠に持ち歩く

▶ p.234

支払期限のある振込用紙や郵送する手続き書類、図書館に返却する本をかばんに入れたまま手続きせずに、ただ持ち歩いている。そのせいで一度電気を止められたことも。

家計管理が苦手で放置、
通帳記入はせず給与明細も見ない

▶ p.238

家計簿は買ったけどレシートは整理できずに放置。将来のために投資や貯金もしなきゃと思うけれど、方法を調べるのも億劫で放置。ときどき将来が不安になる。

今日こそやろう！と
決心だけを繰り返す

▶ p.242

キャリアアップのためにTOEICや資格の勉強をしようとテキストを買ったものの、「今日からやる」と決めた日に予定が入ったり、強烈な眠気に襲われたり……。

体調が悪いのに忙しくて
病院に行く時間がない

▶ p.246

持病が悪化していたり、気になる不調が続いたりして心配だけれど、半休や早退してまで病院に行くなんて今は無理。予約しても時間通りに診てもらえるかわからないし……。

13

先延ばしにする

221

なぜ、苦手な作業をどんどん
先延ばししてしまうんだろう？

ソウタさん（30代、作業服製造販売会社営業職）のぼやき

> エクセルで見積書を作るのが苦手です。**昔から細かい数字と向き合うのが苦手**なんです。なのでお客さまと対面で話をするところまではいつもうまくいくのですが、会社に帰って書類を作る段階になると、**少し手を付けてみるものの、しばらく寝かせたりして、急に対応スピードが落ちてしまいます。**
>
> だから最初の感触ではお客さまといい関係性を築けそうになるのですが、見積書のお渡しが遅くなるせいで、だんだん信頼されなくなっていきます。

なんで、こうなるの？

　先延ばしは多くの人に見られることです。先延ばしするかしないかは、**しなければならない課題に対して「このぐらいならできそう」と思えるかどうかが鍵になっています。**

　ソウタさんは昔から数学が苦手でした。これまで学校の成績が良くなかっただけでなく、年末調整の書類などちょっとした書類仕事もうまくできませんでした。こうした**過去の経験からくる苦手意識があるので「見積書の作成はできそうにない！」と不安に思って、着手を避けた**のでしょう。「後でしよう」と

思えば、一時的に不安な気持ちはなくなりますね。しかし、長い目で見れば「ああ、後で見積書を作らないと」「間に合うかな」「またお客さまの信頼を失ってしまうかも」と心配が続いて、ひどい結果になるものです。

ラク生き！解決策

苦手な作業を一つの大きなまとまりとして見るのではなく、
10個に小分けしてみる。

　先延ばしは「このぐらいならできそう」と思えるかどうか、つまりは、「できそうにない」という不安が鍵になっていましたね。これは見積書という課題を一つの大きなまとまりとして見てしまっていたからです。誰だって苦手なものを最初から完

璧にこなそうとするとプレッシャーを感じますよね。ですので、一つの大きなまとまりを、10個の小さな作業に分解してみましょう。**最初に着手する作業は「ちょろい」ものにすると、より安心して取り組めます。**

ソウタさんは、見積書作成を次のような10個のタスクに小分けにしました。

最初の一歩は、①「パソコンを起動させながら作業中に飲むコーヒーを淹れる」にしました。大好きなコーヒーの香りに包まれたら、その次は、②「エクセルを開き」、③「資料を戸棚から出して机に置く」です。いいですね。④「資料の該当ページを開く」、⑤「作業中に途中で閉じてもいいように付箋をつける」、⑥「見積書の件名を入力」、⑦「単価を入力」、⑧「個数を入力」、⑨ 小計と消費税を確認して合計金額を確認」、⑩「見積日を入力して相手に送信」こんなかんじです。

少々細かいと感じるかもしれません。私たちの脳の側坐核と呼ばれる部分はやる気を司っていて、ここに脳内伝達物質が流れることでやる気が出ます。こうしたコーヒーを淹れる、パソコンを起動するという作業で少しずつでも体を動かすとここが活性化することがわかっているのです。ソウタさんは、こうして見積書を完成させることができました。

また、ソウタさんはエクセルを開いて、チョコを1粒つまみ、資料を戸棚から取り出してもう1粒、該当ページを開いたらさらに1粒、最後に見積書を相手に送信した後は、ひと息つきながら自分のスマホを取り出して前から欲しかったペンをネット通販で注文しました。このように、ちょっとしたタスクを終えるたびに小刻みにごほうびを自分に与えて作業を進めていく工夫もしたのです。

こんなお悩みにも使えるよ！　解決策の応用TIPs

デスク周りの 片付けを 先延しにする人

▶ まずはノートパソコンを広げられるぐらいのA4スペースだけを片付けてみる。

100名分の データ入力に うんざりする人

▶ 10名分ずつ入力して、10名終わるごとに自分へのご褒美として、たとえばチョコをつまむ。

電話でアポをとるのが苦手な人

▶ 電話の内容を細かくメモにする。「始めの挨拶」「お世話になっております」「名乗る」「相手の名前を伝える」「用件を切り出す」「相手の事情を尋ねる」「日時を決める」「終わりの挨拶」というふうに書き出してみると、「この通りに言えばいいんだ」と落ち着くことができる。

長期休暇明けにメールを開くのが 怖ろしくてたまらない人

▶ 数百件にのぼるメール処理という大きなかたまりを、①不要メールの削除、②緊急のものとそうでないものの仕分け、③2分で終わる処理はその場で、のように分解することで、なんとかこなせる。

13

先延ばしにする

なぜ、期限が迫っているのに余裕のフリをしてしまうのかな。焦るべきなのに……。

> ヨウコさん（40代、デザイン制作会社勤務）のぼやき
>
> 学生時代から、試験勉強はいつも一夜漬けでした。就職してからも、締め切り前夜には会社に泊まり込んで仕上げてきましたが、最近では体力的に無理がきかなくなってきました。
> この変化を感じた頃から**「明日締め切りなのになぜか焦れないんだよなあ」とまるで他人事のような感覚に陥ってしまい、たびたび締め切りを超過しています。**

なんで、こうなるの？

先延ばした挙句、締め切り前にも焦れない人は、**頭の中で「なるべく現実を見ないようにしよう」「締め切りを過ぎてどうにもならなくなるストーリーは途中で打ち切ろう」と想像をストップさせていています。**これを**「認知的回避」**といいます。

ヨウコさんは、「どうにかなるだろう」という過度に楽観的なストーリーだけを信じているか、締め切りの迫った仕事そのものについて考えるのをやめているのです。

とはいえ、直感的にこのまま締め切りを迎えてしまうとまず

い結果になることはわかっています。それゆえに**漠然とした不安は抱えながら、それをごまかす**ために、たいていの人はスマホやゲームに夢中になるか、酔っ払ってごまかすか、寝て何も考えないようにしようとします。

▼

> **ラク生き！解決策**
>
> 先延ばしした結果のストーリーを
> 最後まで想像し切って。

　締め切りが迫りながらも焦らない人には、カウンセリングでは、**このまま手をつけず先延ばしをしたら最悪の場合、どんな結末になるのか、最後まで想像し切ってもらいます。**
　今まで考えないようにしていた分、現状の認識がかなり甘くなっているはずです。苦痛を伴いますが、途中で止めないことが大事です。すると、やっと現状を把握することができ、「どうにかなるさ」が「このままだとどうにもならないな。やるしかない」と変化するはずです。

　ヨウコさんには、今日締め切りの書類について考えてもらいました。今日17時までに上司の決済をもらわなければ、明日の９時からの会議に間に合わない資料なのだそうです。
　ヨウコさんは言います。
「会議の直前に提出しても上司に謝ればなんとかなるから先延ばしにしてしまうんです」

13

先延ばしにする

そこで、ヨウコさんには「このままぎりぎりでも焦らないで先延ばしにするやり方が続くと、どのような将来が待っているか」についてとことん想像してもらいました。

ヨウコさんはこう言いました。

「上司は優しいけど、毎回こうやって迷惑かけているから信用されていない。40代でも昇進してないのは私ぐらい」

まだ続けてもらいます。

「若い社員たちが昇進して、私をあごで使い、どんどん窓際に追いやられて、自主退職……。アパートも家賃を滞納して追い出されて、ネットカフェで寝泊まりするような生活……」

過度に悲観的かもしれませんが、ここまで想像し切ればばっちりです。

ヨウコさんは言いました。

「こんな未来は嫌だ。私は毎日湯船に浸かりたいし、自分の家で眠りたい。もう現実逃避はやめます。締め切りと向き合います」

ヨウコさん、エンジンがかかってきたようですね。みなさんもぜひ「このまま先延ばしにしたらどうなるか」ストーリーを描き切ってみましょう。

こんなお悩みにも使えるよ！ 解決策の応用TIPs

資格試験前夜、
まだやり残した勉強があるのに
ゲームをしてしまう人

▶ その資格試験で悪い点数をとるとどんな結果になるのかを想像してみよう。

明日来客があるのに
全く家を片付ける気にならない人

▶ このままの家を見られたときの相手の反応や、自分への評価をありありと想像してみよう。

将来へのお金の備えについて
全く行動を起こさず
「どうにかなるさ」と考えている人

▶ 年金や老後の資金についての情報を集めて、リアルに想像してみよう。

毎年定期健診の予約を先延ばしし、
年度末にいつもバタバタする人

▶ ただでさえ忙しい年度末にスケジュールをこじあけて予約を入れるキツさを今、しっかり思い出してみよう。

13

先延ばしにする

なぜ、私には
「まとまった時間」がないの？
そのせいで本も読めません。

> ヒナタさん（20代、大学教員）のぼやき
>
> 　毎日、日中は会議や授業、雑務に追われて、なかなか自分の研究ができません。読みたい専門書や論文が研究室を埋め尽くしていますが、**まとまった時間がとれずに、積み上がっていく一方です。**
>
> 　1カ月ぐらいまとまった休みが欲しい。そしたら全部読んで論文が書けるのに。でも、忙しすぎて、こんな願いは叶いそうにないですね……。

なんで、こうなるの？

　先延ばしをする人の中には、ヒナタさんのように「まとまった時間があればね」と言う方が一定数います。確かに、着手から仕上げるまで一気にやるほうが効率がいいタスクもありますね。

「さっさと結果を出したい」と思いながらも、細切れの時間で少しずつ仕事を進めるのを嫌がる人もいます。誰にも邪魔されずに没頭して、さっさと終わらせたいのです。

　こうした傾向は、**脳の報酬系と関係していて、成果がすぐに**

得られないとやる気が出ず、**報酬遅延**（成果という報酬が遅れること）**を嫌がる性質からくる**と言われています。

　でも現実には、他にもたくさんやることは横入りしてきて、まとまった時間はとれないものです。「いつかまとまった時間がとれたら」とおまじないのような願望を抱きながら、永遠にその瞬間が来ないからこそ、先延ばしになってしまうのです。

▼

> ### ラク生き！解決策
>
> まとまった時間は来ない。
> タスクを細かく分けて。
> 千里の道も一歩から！

　没頭できるまとまった時間は永遠に来ないようですから、タスクの側を細かく分解していきましょう。どんなに大きなタスクでも、詳細に見ていけば、小さなタスクの集まりなのです。「参考文献を集めよう」は壮大すぎるタスクですが、「検索エンジンで○○という検索ワードを入れて、上位10件を見る」ならば小さなタスクです。**所要時間が10分ほどで済むようなタスクに分解することで、日々の隙間時間が活用できます。**

　ヒナタさんには、まず専門書の中から最も優先して読みたい1冊を選んでもらいました。全部で350ページの本でした。ヒナタさんには、この本を小さなタスクに分けてもらいました。
コツは、「時間で区切る」「場所で区切る」「個数で区切る」

の三つが代表的です。ここでは「個数で区切る」を採用して、1節ずつ読むことにしました。

　1日の細切れな隙間時間――たとえば電車通勤の間、大量の授業プリントを印刷している間、会議が始まる前のちょっとした待ち時間、風呂のお湯を溜めている間、冷凍パスタをレンジで温めている間などを足し合わせて、1日のうち合計30分間の隙間時間をみつけて1日に1節ずつ読むことにしたのです。

　正直、ヒナタさんはまとまった時間、ゆっくりソファにでも座って本を読めたらどんなにいいだろうと思いました。しかし、そんな時間はもうずいぶん持てていないのも事実でした。
「今までなら、本なんて全く読めなかったのだから、たとえ1ページでも読めてよかった」と考え直して、少しずつ読み進めていきました。

　こうして、ヒナタさんはここ数年積んだままだった専門書を1カ月半で読み終えることができたのです。

こんなお悩みにも使えるよ！　解決策の応用TIPS

どうせ部屋を片付けるなら
おしゃれにしたいけど
今は時間がないと思っている人

▶ 一気におしゃれまで目指さずに、ひとまず5分だけ片付けてみる。部屋中おしゃれにするのではなく、ひとまず机のまわりだけやってみる。

ホットヨガに行きたいけど、
そんな時間がない人

▶ 今の隙間時間でもできる運動から試してみる。背伸びやスクワット、入浴しながらのストレッチなどがおすすめ。

断捨離したいが、
クローゼットのものを出して広げて
何時間かかるんだろう……
という人

▶ まずは次のゴミ捨ての日に1枚だけ捨ててみる。1分だけクローゼットを開けて、気に入らない服を選んでみる。引き出しを一つだけ開けて、このシーズンで一度も着なかった服を選んでみる。

13

先延ばしにする

なぜ、コンビニでの振り込みや
手続き書類の郵送が
すぐできないんだろう？

> カイトさん（20代、美容師）のぼやき

社会人になって、初めてひとり暮らしをしています。新生活は毎日楽しいことばかりで、仕事が終わるとジムや友達との遊びで忙しく、帰宅は毎日0時を過ぎてしまいます。日々充実しているのですが、**水道やガスや電気料金の自動引き落とし手続きの書類の記入を先延ばしにして、振込用紙も持ち歩いていた**けれど、なかなか支払えずにいたら、ついに電気が止まってしまった。やばい！　スマホの充電ができない！　すぐにできるはずのことなのに、できないんです。

なんで、こうなるの？

　先延ばしは必ずしも複雑で難しいタスクだけに起こるわけではありません。カイトさんのように、やろうと思えばほんの数分でできてしまうような「朝飯前」タスクをなぜか先延ばすこともありますよね。

　洗濯物を畳まないまま山積みになっているとか、ダイニングテーブルの隅のほうにダイレクトメールやレシートが溜まっているとか、柔軟剤やティッシュが切れたままだとか……そうい

う感じのことです。

いずれも、**「いつでもできそう」という油断からわざわざ実行日時を決めたりそのための時間を確保したりしないことや、「地味でワクワクしないタスクより、目の前の楽しみを優先したい」という衝動性、「今日こそやるぞ」と思いながらも日々の雑用に追われて忘れてしまっていること**などが背景にありそうです。

▼

ラク生き！解決策

地味な楽勝タスクこそ、
あなどるな。
いちいち、実行時間を確保しよう。

地味で簡単な名もなきタスクでも、電気・ガス・水道のような生活に密接に関わる必須のタスクは、あなどれません。「いつか時間があるときにしよう」ではなく「何月何日何時にしよう」と実行日時を決めて、大袈裟に計画すべきです。

楽しく新しい刺激の誘惑に弱い衝動性の持ち主こそ、「これは生きるために必要なタスクだ」と自分に言い聞かせ、実行日時にアラームをかけるなどの対策をして、忘れないための工夫を講じましょう。

カイトさんは電気の止められた部屋で懐中電灯を灯しながら決心しました。

「電気代を甘く見ちゃだめだな。よし、絶対すぐ振り込もう」

　地味でスルーされ続けてきたタスクが、必須タスクに昇格した瞬間でした。深夜でしたが、家にあった振込用紙を持って、ひとまずコンビニに走りました。

　こんなことを繰り返さないため、家に戻って銀行口座からの自動引き落としの手続きに着手したカイトさん。ネットで調べると、用紙を取り寄せて必要事項を記入して投函する必要があるようでした。しかし手続きの中で1箇所どうしたらいいかわからない部分があったのです。

　親に電話して聞きたくても、もう深夜。とっくに寝ている時間です。カイトさんは次の日の自分の昼休憩の時間である正午にアラームをセットして、親に忘れずに電話して聞くことにしました。もう自分の記憶力や意志は当てにならないことがわかったからです。

　その後のカイトさんは、日々の生活に必要な最小限のタスクのために少しだけ余力を残して遊ぶようになりました。

> こんなお悩みにも使えるよ！　解決策の応用TIPs

仕事や育児に忙しすぎて
家のメンテナンスに
無頓着になりがちな人

▶ 住と健康は密接な関係で、人間として無視できないタスク。壊れかけの扉が倒れてきたり、不衛生なふきんやタオルを使い続けて体に雑菌が入ったり、故障ぎみの家電で火事になることもあるので最優先でやろう。

寝食忘れて仕事に趣味に没頭したいのに
周りの人に心配されて
面倒だと感じている人

▶ 大好きな仕事と趣味を長く続けるためには必要なことだと自分に言い聞かせよう。バランスのよい食事、睡眠などの安全と健康にまつわるタスクは無視しないで。

引越後の年金や保険の手続き、車検など
面倒なことは放置して、
趣味の推し活に全力投球してしまう人

▶ 全ての面倒なことをこなす必要はないので、安全と健康にまつわるタスクはスケジュール帳に赤字で記入して最優先事項に昇格させよう。

13

先延ばしにする

なぜ、お金の管理が
できないのかな？
将来が不安です。

マオミさん（30代、カフェバリスタ）のぼやき

結婚してしばらく経ちますが、**家計簿をつけることは続きませんし、貯金もしていません。毎月の収支もわかりません。**

夫も似たタイプで、**給与明細を見たことがないし、振り込み口座の通帳も記帳せず放置して、家計が管理できていません。**

しかし最近テレビでもネットでも、老後いくら必要だとか、NISAがどうとか報道されていて、そんな情報を見るたび夫婦で恐ろしくなっています。

なんで、こうなるの？

老後の経済的な不安のような、時間的に差し迫っていない、まだ先の問題は、先延ばししやすいものです。「今すぐお金の管理をしなくても、すぐには困らないから」という理由です。

こうしたすぐには結果が出ない課題のことを、報酬遅延課題と呼びます。今すぐ老後に備えて金策を講じたとしても、急に大きな利益が出るわけでもないし、誰かが褒めてくれるわけでもないから、やる気が出ないのです。

このように、**報酬が与えられるタイミングが先になればなるほど意欲の下がるカーブのことを報酬遅延勾配といいます。衝動性の高い人は、この報酬遅延勾配が急であると言われていて、老後の資金を備えるようなタスクをこなすことに対して、やる気が急激に低下してしまい、先延ばしになりがちなのです。**

さらに、「お金の不安」が漠然としていることも先延ばしにしてしまう一因です。いくら足りないのか、何歳まで働けるのか、どうしたら備えられるのかなど、はっきりしないからです。

一般的に「情報がなくて正体がわからない」かつ「自分でどうにかできると思えない」ときに不安は強くなります。**不安のあまりお金の話を避けたくて先延ばししている**というわけです。

▼

ラク生き！解決策

面倒くさがりの性質を利用して、 しくみを作ろう

先延ばしているタスクに着手するには、「面倒なポイント」の数をできるだけ少なくすることです。たとえば、234ページのお困りごとでも取り上げましたが、電気料金を毎月自分で振り込まなければならないとしたら、ものすごく面倒ですね。年間12回も「面倒なポイント」があるわけです。なので、たいていの人は銀行で自動引き落としの手続きをとります。

確かに自動引き落としの手続きには申し込み用紙に記入して押印するなど最初に多少面倒なタスクが生じますが、一旦手続

きをしてしまえば、それ以降は忘れていても大丈夫です。

　同じように、お金の不安にも**最初に労力をしっかりかけて、あとは自動運用にするしくみを利用しましょう。**老後の資金の備えは、貯金でも運用でも「長期間」にわたって計画することには間違いはないでしょう。とすれば、面倒くさがりな人ほど、なるべく早い時期に「自動積立」や「自動引き落とし」など一定額を強制的に積み立てていくしくみを作りましょう。一旦始めると面倒くさがりの性質はプラスに働くでしょう。きっとわざわざ解約しないからです。

　もちろんどのしくみがベストなのかはプロに相談した上で最終的には自分が納得できる方法を選択するのがいいでしょう。

　サヤカさんは、まずは誰に相談すべきか全くわかりませんでした。下手にプロに相談すると、金融商品を売りつけられてしまいそうで怖かったのです。そこで、**自分にプロフィールの似た相手である、同じ社宅に住む知り合いに相談してみました。**夫同士が同じ会社で、年齢も家族構成も同じなので、参考になると思ったからです。知人は親切に教えてくれて、参考になる金融系のYouTubeチャンネルも教えてくれました。

　サヤカさんは夫にその情報を共有して、勧められた動画を見始めました。自分なりにネット検索して情報の海に溺れるよりも、洗濯物を畳みながら短時間の解説を視聴することで、毎日少しずつ知識を蓄えられ、夫婦で老後に備える方法を決めることができました。また、毎月給料から自動積み立てされる手続きもとりました。

　こうしてサヤカさん夫婦は、現時点でできる老後に向けたお金の管理を終わらせることができたのです。

こんなお悩みにも使えるよ！ 解決策の応用TIPs

記帳するのが面倒で
いつも「合算」処理されてしまう人

▶ 月1、2回のATMの近くでしている別のルーティン（たとえば、通院や美容院など）と抱き合わせにして銀行へ行くようにするか、場面や時間を気にせず確認できる通帳アプリでの管理に切り替えてみよう。

買い物をしすぎて
クレジットカードの請求が怖い人

▶ クレジットカード決済は便利でお得だが、あえて現金主義にすることも一つの方法。お金が減っていく感覚がわかるので買いすぎを防ぐことができて、むしろ支出は減るかもしれない。

年間の支出計画などを
立てるのが面倒な人

▶ 年収、年齢、家族構成、居住地域、持ち家か賃貸かなど、ネットなどで自分と似たプロフィールの人の支出のモデルケースを探してみて、それを真似して過ごしながら、微調整していく。

13

先延ばしにする

なぜ、TOEICの勉強が
進まないんだろう？
やろうとすると寝ちゃう。

マナブさん（20代、外資系食品会社営業）のぼやき

　もっと英語力を伸ばすようにって会社で言われているんです。TOEICを受験して、今年度中に会社が設定している目標点数に到達するように、と。

　でも、毎日仕事が終わって帰宅してご飯を食べたら、もう眠くて。疲れていて勉強どころじゃないんです。**一応テキストを出してはみるけど、うたた寝してしまって、**気づいたら電気をつけっぱなしのまま明け方になっています。

なんで、こうなるの？

　1日中働いて溜まった疲労と、満腹の眠気の後に、英語の勉強が捗るとは思えません。こんなタイムテーブルを作り直す上で参考にしたいのが、**「活性化エネルギー」という考え方**です。これは認知心理学の分野で用いられる用語で、私たちがある活動を始める際に重い腰を上げるためのエネルギーです。あの「よいこらしょ」です。

　活性化エネルギーは物事のスタート時に最も必要で、始めてしまえば後はそんなに必要ではありません。ですから、**帰宅し**

て、どかっと座ってご飯を食べてしまった時点で「よいこらしょ」とまた活性化エネルギーを消費して勉強する、風呂に入る、食器を片付けるという順番では効率が悪いだけでなく、そもそも「よいこらしょ」できずにうたた寝してしまう確率が上がるのです。

▼

ラク生き！解決策

玄関を開けたら素っ裸！
座る前に、立ってする作業を
ひとつなぎに！
夕食を軽くしてカフェ勉強も手。

活性化エネルギーに注目した帰宅後のタイムテーブルを作りましょう。帰宅後どかっと座ってご飯を食べる前に、玄関で裸になりながら風呂に入り、風呂上がりにご飯を短時間で軽く済ませて、勉強に移行するのはどうでしょう。これなら、活性化エネルギーは最小限で済みます。帰宅した途端に電池切れで座りたくてしょうがない人は、いっそ帰り道のカフェで夕食と勉強まで済ませてから、帰宅後は風呂でリラックスするというのもおすすめです。

マナブさんは1Kのアパートでひとり暮らしをしていて、玄関を開けたらすぐに左手にお風呂のドアがあります。文字通り玄関を開け、荷物を床にどかっと置いたら、そのまま服を脱いで脱衣所の洗濯機に入れ、シャワーに向かいます。お風呂が終

マナブさんの仕事後のタイムテーブル

19:00	●	終業
19:10	●	定食屋到着
		▶夕食
19:50	●	駅到着
		▶電車・仮眠
20:20	●	帰宅・脱衣
		▶シャワー
20:35	●	洗濯開始
		▶英語の勉強（時々スクワット）
21:00	●	洗濯終了
		▶洗濯干し
21:10	●	読書
22:00	●	ニュースを見る
23:00	●	就寝

わってすぐに洗濯を開始しながら、台所で立ったまま英語のテキストを開いて英語のリスニング教材を聞きながらシャドーイングを始めました。

「もう勉強？　ご飯は？」と思われたかもしれません。夕食は会社近くの定食屋で簡単に済ませて、帰宅したのです。当然通勤の電車で眠気が来ましたが、そこで仮眠をとることで、マナブさんは復活したようです。帰宅してシャワーを浴びた後は、洗濯が終わるまでの25分間だけ眠気防止のため立ったまま（時々スクワットしながら）勉強しているのです。

　さて、洗濯が終わりました。最低限の勉強とご飯も風呂も洗濯も終わったのに、まだ21時なんです。マナブさんは達成感に満ちています。

> こんなお悩みにも使えるよ！　解決策の応用TIPs

帰宅後
風呂に入れず
うたた寝して
しまう人

▶ 仕事帰りにスーパー銭湯やスポーツクラブに立ち寄って風呂を済ませてみよう。

平日は仕事で
精一杯で、
全く自分の時間が
持てない人

▶ 平日にまとまった時間はとれないもの。たとえば、読書やセルフネイルをするなど10分ぐらいの小さなやりたいことを見つけて隙間時間に入れ込もう。

帰宅したら
ダラダラ動画ばかり見て
何も手につかない人

▶ 動画はゲームと並んで途中離脱が難しいコンテンツの代表格。途中離脱は無理でも、開始時間ならコントロールできる。就寝時刻や翌日の弁当の下ごしらえなど、絶対に外せない、時間の決まった用事の30分前に開始するなどタイミングを工夫して。

なぜ、病院に行く時間が
とれないんだろう？
頭痛が最近悪化しているのに。

チアキさん（40代、システム開発会社SE）のぼやき

ひとり暮らしで、毎日夜遅くまで残業の日々です。休みの日には、昼過ぎまで寝溜めして、その後も洗濯、掃除に追われて、あっという間に夕方になります。**前々から頭痛持ちで、最近どんどんひどくなっているので、病院に行きたいのですが、なかなか余裕がありません。**

私って社畜だと思う。自分のことには全然時間が使えていない。なんのための人生なんだろう。

なんで、こうなるの？

健康を促進する行動を「健康行動」と呼びます。歯を磨く、塩分の少ない食事を心がける、睡眠を十分にとるなどがそうです。これらの行動が私たちに有益であることは誰でも知っています。しかし、残念ながら効果が出るのに時間がかかる上に、しなくても別にすぐには損しないものばかりなのです。

この「すぐに」結果が出ないことを「報酬遅延」と呼びます。「火に触るとやけどする」というようなすぐに結果が出ることはわかりやすいので、みんなしませんよね。

246

チアキさんのように**頭痛がありながらも、なんとかなっている日常や、通院したところですぐに治るかわからないといった状況は報酬遅延に当たるので、なかなか通院するという健康行動はとりにくい**のでしょう。

　また、チアキさんには仕事より自分の健康を優先するという発想がなさそうです。これは自己犠牲的にこれまで生きてきたからでしょう。自分が自分を優先しなかったら、誰もチアキさんを優先してくれるはずがありません。人生の折り返し地点で、そろそろ自分を大切にする習慣を身につけたいものです。

ラク生き！解決策

健康に関することは赤いペンで
最優先事項として手帳に書き入れて。

健康行動に注目しておくために、スケジュール帳には、「頭痛があった」「きつくて休みの日に動けなかった」「病院受診」のような**健康に関するものを赤字で記すようにします。**スケジュール帳が真っ赤になるようなら、「やばい！」と直感的に感じて、受診する動機になります。

　自己犠牲が過ぎて「自分の健康のために仕事を休むなんて……」と躊躇する人は**「仕事を長く続けて貢献するためには、今受診しなければ」と考えてみましょう。**自分のためには受診できなくても、会社に貢献するためなら受診できるかもしれません。

　チアキさんは、スケジュール帳に書く項目を次のように色分けしました。仕事ややらなければならないことは青。やりたいことは緑。そして健康に関することは赤です。

　1週間に一つでも赤があれば、その週や前の週が青ばかりになっていないか、緑が少なすぎないかをチェックします。また、**外出の時間帯や回数、人と会う頻度や相手などと赤の関係についてもチェックして、ちょうどいいペースを見極めていきます。**

　チアキさんは、週に二つはやりたいこと（緑）の予定を入れることや、夜の外出は週に一度まで、会食や飲み会の人数は多くても自分を含めて3人までにすることが心身の健康を保つのにちょうどいいとがわかりました。

　また、体調不良（赤）を感じたときには最優先事項として病院を受診するようにしました。その結果、以前より回復にかかる日数が多少減らせただけでなく、体調を壊すことが少なくなりました。

こんなお悩みにも使えるよ！ 解決策の応用TIPs

歯医者に行くのが嫌な人

▶ 歯が痛くなってから行くのは、コスパも悪いと言われている。今すぐ歯科検診を予約して、帰りに次の予約をとろう。

運動不足だなあと
ずっと思っているのに
一向に始めようとしない人

▶ 自分がどの運動なら好きか、どの時間帯ならできそうか、課金したほうが続くのかなどを友達に相談してみる。一人で漠然と考えているより話を聞いてもらいながら考えたほうが、具体的になっていくはず。どの運動に取り組むかが決まれば、スケジュール帳に赤色で記入して、頻度を保てるようにしよう。

寝起きが悪くて
毎朝気分が最悪の人

▶ 寝起きの良し悪しは睡眠の量と質に左右される。スケジュール帳に就寝時間やストレス、体調、寝起きの悪さを一定期間記録して、自分はどのような生活スタイルを送れば寝起きが良くなるのか研究してみよう。

13

先延ばしにする

エピローグ

誰がやってもラク！
不器用はなおさなくていい、
工夫すればいいだけ。

　この本を書くきっかけは、朝日新聞出版の編集者である森鈴香さんからご連絡をいただいたことです。森さんからは、「不器用な人が、仕事の現場での生きづらさ・困難さを軽くするとともに、人間関係も『それなりに』円滑にできるようになるための解決策をたくさん紹介したい」という依頼を受けました。

　また、私にADHD傾向があることから、「生々しい、当事者視点と専門家視点のミックス」で書いてほしいとも記されていました。

　依頼を受けた当初の私はこの企画のお話が嬉しかったものの、研究に追われていてとても忙しく、「来年5月に書きます」と言いながらそれを失念してしまい、遠慮がちに催促されてしまいました。

　こんなふうにまだまだミスも多い私ですが、なんとか本書を仕上げられたのは、森さんの丁寧なフォローのおかげです。

　いざ執筆をスタートすると、「これはしまった」と後悔しました。通常私は本の執筆を2、3日間で終わらせる速書きの人

間です。今までは一冊の本に多くとも7名程度の登場人物しか出てこなかっため、7人分のストーリーを頭の中で思い描けば、後は自分の想像の世界で生き生きと動く登場人物の様をタイピングすればよかったからです。

　しかし、本書は登場人物49名分の構想が必要でした（応用TIPsも合わせれば、何名!?）。しかも事典形式なので、固定された項目に沿って指定された文字数で仕上げる必要がありました。まるで千本ノックを受けているような気持ちになりました。

　しかし、今こそコツコツ計画的にタスクをこなす技を発揮するときだとがんばりました。このように、私ができない技については本書では紹介していません。ですので、きっとみなさんに役立つ技ばかりだと思います。

　お読みいただいて、いかがでしたか？　みなさんのお困りごとにフィットしていたでしょうか？　「なるほどね」と思える理解でしたか？　取り組めそうな対処でしたか？　聞きたいことだらけです。

　たとえ実行に移さなくても、読むだけで「なんだ、そういうことだったの。そう考えるといいんだな」と心がラクになる本になっていればいいなと思います。

「私の事情はもっと複雑なの。この方法じゃ無理よ」と思われた方は、「中島心理相談所」のホームページにアクセスしてください。オンラインカウンセリングで、あなたにぴったりな方法をオーダーメイドします。

この本を完成させるにあたり、編集者の森鈴香さんには多大なる感謝の意を表します。森さんには、『不器用解決事典』の項目を一緒に考えてもらい、私のアイデアを柔軟に受け止めていただきました。

　また、デザイナーの古屋郁美さんとイラストレーターのryukuさんが、おしゃれなデザインに仕上げてくださったおかげで、本書がわかりやすく読みやすくなりより魅力的なものとなりました。この3名のサポートがなければ、本書は完成しなかったでしょう。本当にありがとうございました。

　本書を読むことで、ADHDの診断を受けた人やその傾向があるのではないかと悩む人だけでなく、「不器用な生き方をしている」と悩んでいる人が、生きるのがラクになるといいなと思います。

　また、そんな人の周りにいる人が、「なんだ、ADHDってそんなに他人事じゃないな。ここに書いてある方法って、誰がやってもラクだな」と気づいて、昨今関心が高まっている「合理的配慮」を身近に感じてほしいです。

　みんなにとって生きやすい世の中になればと思います。

2024年10月

中島 美鈴

中島 美鈴

なかしま・みすず

1978年福岡生まれ、臨床心理士。公認心理師。心理学博士（九州大学）。専門は時間管理とADHDの認知行動療法。肥前精神医療センター、東京大学大学院総合文化研究科、福岡大学人文学部などの勤務を経て、現在は中島心理相談所 所長。他に、九州大学大学院人間環境学府にて学術協力研究員および独立行政法人国立病院機構肥前精神医療センター臨床研究部非常勤研究員を務める。『ADHDタイプの大人のための時間管理ワークブック』（星和書店）、『働く人のための時間管理ワークブック』（共著、星和書店）、『脱ダラダラ習慣！1日3分やめるノート』（すばる舎）など著書は全50冊にのぼる。時間管理の専門家として「あさイチ」（NHK）にたびたび出演、「ABEMA Prime」にて遅刻をテーマにひろゆき氏と対談するなど、メディアでも活躍。本書発売時点で11年目となる朝日新聞デジタルの医療サイト「朝日新聞アピタル」での連載コラム「上手に悩むとラクになる」のほか「NewsPicks」でも時間管理のコラムを連載している。

中島心理相談所

https://nakashima.studio.site

仕事も人生も、これでうまく回る！
不器用解決事典

2024年11月30日　第1刷発行

著　者　中島美鈴

発行者　宇都宮健太朗

発行所　朝日新聞出版
　　　　〒104-8011　東京都中央区築地5-3-2
　　　　電話　03-5541-8814（編集）
　　　　　　　03-5540-7793（販売）

印刷所　大日本印刷株式会社

© 2024 Nakashima Misuzu
Published in Japan by Asahi Shimbun Publications Inc.
ISBN 978-4-02-332372-8
定価はカバーに表示してあります。
本書掲載の文章・図版の無断複製・転載を禁じます。
落丁・乱丁の場合は弊社業務部（電話03-5540-7800）へご連絡ください。
送料弊社負担にてお取り替えいたします。